바람의 그림자

바람의 그림자

이춘자 다섯 번째 수필집

도서출판 두손컴

● 自序

또 하나의 자화상을 세상 밖으로 내 보냅니다.
책을 낼 때마다 아쉽고 좀 더 매끄럽지 못한 문장들에 미안합니다.

해운대 寓居에서
이 춘 자

● 차례

自序 · 5

1부

덕담 — 13
새, 숨어들다 — 17
그 점 하나 — 21
오늘 하루만 살아 봅시다 — 25
아버지의 강 · 1 – 참새와 그물 — 29
아버지의 강 · 2 – 혼돈의 세월 — 32
아버지의 강 · 3 – 동백꽃 필 때 — 39
아버지의 강 · 4 – 재첩잡기 — 42
아버지의 강 · 5 – 별이 떨어지는 날 — 45
어머니의 손맛 — 49
매미 — 53

2부

바람의 그림자 —————— 59

세상사 새옹지마 —————— 63

무소유 —————— 67

벨트를 찾아서 —————— 71

눈物, 짐승이 되다 —————— 76

고향에 대하여 —————— 81

청소기 다 모여 —————— 85

행운이냐 or 행복이냐 —————— 90

산그늘에서 —————— 94

호박 —————— 99

텃세 —————— 103

집이 익는다 —————— 107

3부

녹야원(사르나트) ——————— 113
갠지스강 ——————————— 118
찬드 바오리(우물) ——————— 121
돌마바흐체 궁전 ——————— 124
슬도 명파 瑟島 鳴波 —————— 130
만해를 만나다 ———————— 135
우리 것이 좋은 것이여 ———— 142
동전 한 닢 —————————— 147
사건, 사고 —————————— 152
비우다 ———————————— 158
미끼 ————————————— 161

1부

덕담

 거실에 모란 세 송이가 활짝 피었다. 온 집안이 환하다. 친구가 얼마 전에 그려준 그림을 '예쁘다 환하다'하며 잘 간수한다는 것이 이사하면서 찾지 못하다가 묵은 책갈피에서 찾아내어 표구를 했다.

 4호 크기의 소품이지만 그릴 때의 친구 마음이 그대로 전해온다. 맨 아래쪽 활짝 핀 큰 꽃송이는 한창 성숙한 여인을 연상케 한다. 노란 꽃술도 요염한 것이 손만 대면 금방 흐드러질 듯 화려하다. 또 한 송이는 반쯤 벙그러 옆으로 살짝 돌아 앉아 있다. 이십대의 토라진 청춘이다. 큰 송이 뒤로 애교스럽게 쏙 올라온 아직은 설익은 꽃봉오리는, 집안의 막내인양 없어서는 안 되는 고명이다.

나도 토라진 청춘이었던 때도, 손만 대면 흐드러지는 한창 시절도 있었다. 고희를 넘기고 나서 생각하니 지나간 것은 모두 그리운 것뿐이다.

그림을 그리거나 글을 쓰든지 노래를 하거나 어쨌든 모든 예술은 끼가 있어야한다. 한 세계를 완벽하게 이루는 유명한 예술인들은 끼가 넘치고 자기 기운에 미쳐서 흔히들 기인(奇人)이라고 하지 않던가. 그 끼라는 것이 기(氣)가 아닐까 싶다.

친구는 붓글씨도 잘 쓴다. 서기집문(瑞氣集門)이라고 화제도 멋들어지게 적어 놨다. 모란이야 원래부터 부귀를 불러 온다는 꽃이지만 화제까지 서기집문이라 적혀 있어 마음이 더욱 흐뭇하다. 상서로운 기운이 내 집안으로 모여든다는 글귀이니 이보다 더 좋은 덕담은 없지 싶다.

해마다 정초가 되면 메일이나 인터넷으로 지인들과 덕담을 많이 주고 받는다. 덕담이야 어느 것 하나 소중하지 않는 것이 있을까. 제일 많이 쓰는 것이 '새해 복 많이 받고 건강하세요'다. 이 말처럼 참 흔한 것 같지만 우리가 정말 바라는, 가장 이루기 힘든 소원은 없지 싶다. 복은 많이 받고 싶어도 내가 지은 대로 받는 것이고, 몸도 마음도 건강하고 싶지만 그게 어디 내 마음대로 되는 일인가.

또 '부자 되세요'라고도 한다. 나는 이 말도 참 좋다. 내 주위에 있는 모든 아는 사람이 다 부자가 되면 우리 살림살이가 얼마나 넉넉할 것인가. '소망하는 일 다 이루세요.' 이런 말도 참 좋다. 입시생들은 바라는 학교에 입학하고, 취업을 희망하는 젊은이들은 바라는 대로 되면 얼마나 신나는 일인가. 옆의 사람이 좋은 일이 있으면 하다못해 차라도 한잔 먹을 일이 생기지 않은가. 덕담은 다 좋은 것이다. '사촌이 논을 사면 배가 아프다'는 말은 밴댕이 소갈머리나 하는 짓일 테다. 다른 사람을 축복해 주어야 나에게도 좋은 일이 생긴다.

서기집문, 읽을수록 감칠맛이 나고 정겨운 말이다.

하늘엔 달이 밝다. 오늘 밤은 그림을 베란다에 두고 싶다. 달이 꽃을 보고 내려오는 것 같다. 꽃과 달이 마주하니 베란다가 환하다. 세상 만물의 음양이 이래서 좋다고 하는 모양이다. 사물에는 다 혼이 있다. 말 없는 저것들도 이 달 밝은 밤에 무슨 일이 생겼으면 좋겠다.
 멀리서 희미하게 징소리가 들리는 것 같다.

 달과 꽃향기, 만물의 좋은 기운이 우리 집으로 몰려올 것 같은 좋은 예감이 드는 기분 좋은 날이다.

새, 숨어들다

부처님을 뵈러간다.

어머니는 내 생일날이면 어김없이 부처님을 찾아뵙고 절에서 생일밥을 먹었다. 어릴 적에는 무작정 어머니를 따라 다녔으나 내가 철이 들자 생일이 되면 잊지 말고 부처님께 쌀 공양을 올리라고 이르셨다. 무슨 연유인지는 모르지만 고희를 넘긴 지금까지 한 번도 어긴 적 없다.

범천동 신암, 지금의 불교방송국이 있는 근처 그 위로 예전에 몇 개의 절이 있었다. 그래서 사람들은 그 골짜기를 절골이라 불렀다. 큰길에서 얼마 들어가지 않는 곳에 영진이 절이라는 제법 큰 절이 있었고, 어머니는 그 절 부처님이 영험이 있다하셨다.

절골에는 제법 큰 냇물이 흐르고, 냇물 옆으로는 깨끗한 자갈밭이 있었다. 어머니는 가끔 큰 빨래가 있는 날은 이웃들과 같이 솥과 장작을 가져가서 그 자리에서 빨래를 삶아 자갈밭에 널어 말려 오기도 하고, 빨래가 마르는 동안 가져간 점심도 먹고 남은 잿불로 감자를 구워 먹기도 했다. 어쩌다 나도 어머니를 따라가서 하얗게 널린 이불 호청을 보고 '구름이 내려 앉았구나.' 하는 감상에 빠지기도 했었다.

지난 봄에는 옛날 어머니와 다니던 절을 한번 가보고 싶어 기억을 더듬어 찾아 나섰다. 절이 있던 자리쯤에는 다른 건물이 있었고, 길을 따라 한참을 더 가니 좀 오래된 절이 있긴 하지만 스님은 출타중이시고 화주 보살도 그런 절은 모른다고 한다.

스님의 법명은 따로 있고 영진이는 스님의 속가 이름이지 싶다. 절 이름도 모르고 스님의 법명도 모르면서 어머니가 항상 영진이 절이라고 부르는 이름만 가지고는 도저히 찾을 수 없었다. 그리고 세월도 너무 많이 흘렀다. 지금의 내가 그때 그 스님보다 나이가 들었는데 스님인들 온전하실까.

 그냥 집으로 오기는 너무 아쉽다. 은을암隱乙庵에 가보고 싶었다. 울산 치술령 중턱에 있는 은을암은 전설의 절이다. 신라 충신 박재상이 나랏일로 일본으로 간 뒤, 그 부인은 남편을 기다렸지만 처형되었다는 소식에 그 자리에서 망부석이 되었고 영혼은 두 딸의 혼과 함께 새가 되어 대웅전 뒤 바위굴로 숨어 들었다하여 은을암이라 부른다는 전설이 있다.
 은을암은 가는 길조차도 새 '乙'로 휘어져 돌아간다. 길은 연 전에 갈 때보다 정비는 되었다지만 굽이굽이 돌아가는 길은 여전하고, 나무도 휘어지고 골짜기의 물도 휘어져서 흐른다. 아무리 둘러보아도 비탈이고 낭떠러지다.
 일주문을 지난다. 문밖과 문안이 완전히 다른 세상이다. 아니 똑같은 세상이다. 부처님은 내 안에도 계시고 법당에도 계시고 내 발길 닿는 처처에 머무른다.
 지은 죄가 많은 나는 사천왕상 앞을 지날 때마다 오금이 저린다. 나도 모르게 두 손 모으고 허리를 숙인다.

 장마에 물기를 머금어 미끄러운 계단은 올려다보는

것도 아득하다. 그 계단을 오르는 것만으로도 일천배의 고행이 시작되는 듯하다. 계단을 올라가니 눈앞에 안개가 자욱하다. 맑은 날은 동해가 한눈에 보인다지만, 안개속의 나는 한 마리 새가 되어 동해를 나르는 꿈을 꾸어본다.

한 뼘이나 될까 말까한 마당의 요사채조차도 숨어 있는 듯 외롭다. 요사채는 심지 굳은 선비처럼 꾸밈없이 깨끗하다. 처음에는 그곳에 부처님을 모셨지 싶다. 새로 지은 대웅전에 부처님이 계셨지만 묵은 때 묻은 요사채에 정이 간다. 오랜 친구인 듯 툇마루에 앉아 보살님과 과일도 먹고 잡담도 한다. 마음이 편하다.

은을암, 숨겨두고 싶은 것이 어디 전설뿐이랴. 조금 전 부처님께 합장하고 소원했던 마음 한 자락 숨겨두고 왔다.

그 점 하나

새해 첫날 솟아오르는 태양을 봐야 한다고 모두 들떠있다. 해는 어제도 그제도 같은 방향에서 같은 모습으로 매일 같이 떴다가 지기를 하루도 거르지 않는다. 유독 새해가 시작되는 첫날 떠오르는 해를 꼭 보아야 한해가 무사하다고 생각하는 이유는 새로운 시작과 꿈, 다가오는 시간의 설레임이 복합된 때문이라고 생각한다.

작은 딸네는 하루 전에 왔다. 취학 전 어린 것이 있으니까 새벽에 자기네 집에서 나서기가 번거롭단다. 하기야 광안대교에서 해를 구경하기 위해 김해에 있는 지들 집에서는 아이들 깨워서 나서기는 좀 불편할 것이다.

전날 저녁 형제끼리 모여서 잔칫집이다. 해가 바뀌는 전야제란다. 밤 열두시에서 새해로 넘어가는 순간은 눈 깜빡하기다. 손자가 하는 말이 '할머니 가만히 앉아있는데 한 해가 갔어요' 하면서 신기하다고 손뼉을 치고 야단이다. 그 어린것이 모든 역사는 찰나에 이루어진다는 사실을 알기나 할까.

새벽 6시에 꼬마를 깨우고 전투에 나가는 것처럼 완전 무장을 한다. 목도리, 장갑도 챙기고 외투는 두 개씩 껴입는다. 아직 희붐하기도 전인데 다같이 길을 나선다. 집에서는 길만 건너면 광안대교다. 새해 첫날 새벽 5시에서 9시까지 광안대교 상판은 차들이 다니지 않는다. 다리 위에서 일출을 보겠다는 시민들을 위한 배려다.

올해는 생각보다 날씨가 푸근하다. 자꾸 걸으니 땀이 나려 한다. 해변의 높은 아파트가 문제다. 그놈의 높은 건물 때문에 다리 위를 한참을 걸어가야 해가 솟아오르는 순간을 놓치지 않는다. 꼬마도 잘 따라 걷는다.

드디어 바닷물이 불그레 움직인다. 아득히 점 하나

가 보인다. 모든 인연은 점에서부터 시작이다. 그 점이 차차로 붉은색을 더하면서 부피가 커진다. 마침내 온 세상을 품는다. 껴 안는다. 모든 생물체에 골고루 빛을 내리기 시작한다. 그 빛을 받아야 세상 만물은 생명을 유지한다. 오래오래 여운이 남는 순간이다.

언젠가 병원에서 젊은이가 임신 확인 차 초음파 사진을 들여다보고 있는 걸 보았다. 내 눈에는 점밖에 보이지 않는다. 그 점이 태초의 인연이다. 천하 없이 높은 건물도 첫 삽이 중요할테다.

유장하게 흐르는 천 삼 백리의 낙동강도 조그만 옹달샘에서 시작하고 있다. 강원도 태백의 황지 연못은 깊이를 알 수 없다고 하며, 아무리 가물어도 하루 오천 톤의 물이 솟아난다고 한다. 그 물이 흘러 흘러 내가 사는 이 부산 바다에 이른다니 조그만 연못을 보고 놀랐던 기억이 새롭다.

뿌리가 없는 것이 어디 있을 것이며 근원이 없는 것이 어디 있겠는가. 지구도 먼 우주에서 보면 한 점 점일 것이다. 나도 나의 부모님도 그 어느 한 점에서 시작되었을 것이다.

새해 첫날 공연히 실없는 생각에 젖어 본다.

오늘 하루만 살아 봅시다

 깊은 물속으로 들어가는 남자의 어깨를 잡고 경찰이 처음 한 말은 "오늘 하루만 살아 봅시다"였다. 눈앞은 캄캄하고 세상만사가 꼬이기만 할 뿐, 나 혼자만 불이익을 당하는 것 같다. 분하고 억울해서 어떻게도 할 수 없을 때 최후의 순간을 생각하기도 할 것이다.

 경찰의 "오늘 하루만…."이라는 말이 남자의 가슴에 닿는 순간 그는 부모님과 가족들의 얼굴이 떠오르지 않았을까. 경찰의 손에 끌려 물 밖으로 나오면서 회한의 눈물을 흘렸다 한다.

 인생살이가 뜻대로 되기만 하면 얼마나 좋을까. 어제를 참고 지나면 오늘이 온다. 오늘 하루를 제대로 산다는 것은 마음대로 사는 것이 아닌 의지대로 사는 것이 아닐까 싶다. 오늘은 분명 어제보다 또 다른 의미 있는 날이 될 터이다.

2020년 봄 코로나19가 처음 우리 땅에 들어 왔을 때는 모두 두려워 바깥 나들이도 조심 했었다. 어쩔 수 없이 낮에 볼일이 있어 나가보면 텅 비거나 아니면 승객 두서너 명을 태운 버스가 제 노선을 지나다니곤 했다. 생전 처음 경험하는 세상을 견디는 일은 공포 그 자체였다.

놀이터에는 아이들의 웃음소리도 들리지 않고, 간간히 개 짖는 소리만 막힌 숨통을 틔워 주곤 했다. 어떻게 하면 이 어두운 그림자에서 벗어날 수 있을까 생각하다가, 그동안 BOX채 간수해 두었던 수필집을 꺼내서 아파트 우리 동 입구 신문 정리대 위에 내 놓았다. "코로나19로 외출도 힘든 시기에 이 책을 보면서 시간을 보내면 좋겠습니다. 부담 없이 한 권씩 가져가십시오."라고 설명지도 붙여 두었다. 처음에는 머뭇거리던 이웃들도 며칠 지나니 책 한 BOX가 모두 소진 되었다.

잠시 잠깐 책장을 만지며 시간을 보내겠다고 생각

하니 스스로 위안이 되었다. 글 쓰는 사람으로서 이웃을 위해 할 일은 그것 뿐이라고 생각했다. 고맙게 잘 읽었다고 전화도 오고 인사도 한다.

  코로나19가 이렇게 오래 갈 줄은 아무도 생각지 못한 일이다. 며칠 전에도 어느 자영업자가 코로나의 터널을 헤어 날 수가 없어 스스로 세상을 떠났다는 가슴 아픈 기사를 봤다. 그 사람에게 "오늘 하루만 살아 봅시다."라고 곁에서 누가 말해 주었다면 상황은 아마 달라지지 않았을까.

  마스크는 감기 환자나 쓰고 먼지 많은 작업을 할 때나 쓰는 것인 줄 알았다. 그런 것이 장소를 가리지 않는다. 올 여름 그 지독한 더위에 어린 것들이 숨이 막혀 갑갑하다고 벗으려고 버둥거리는 것을 보거나, 결혼식장에서 신랑 신부를 제외한 모든 하객들이 마스크를 쓰고 사진을 찍어야 하는 웃픈 현실이 언제까지 계속될지 기약 할 수가 없다. 현실이 이러하니 모든 행사는 중단되고, 친구들 얼굴 본지도 오래 되었다. 전화로 안부나 전할 뿐 마주보고 차 한 잔 하는 일이 아득한 옛일인양 그립다.

일상이 허탈하고 무기력함이 극에 달한다. 나이는 익어가고 우리 인생에서 쓸 수 있는 시간은 자꾸 줄어든다. 탈출구가 필요하다고 시골이나 섬에서 일주일 살기나 열흘 살기가 기분 전환에 도움이 된다지만, 나이 들어 보니 하루쯤은 기분이 상쾌하고 힐링이 되는 것 같아도, 시간이 지나면 어째 모든 것이 불편하고 집에 가고 싶어진다.

몸은 멀리 있어도 마음은 가까이라고 지인들이 안부처럼 보내오는 수필집이나 시집을 뒤적이거나, 또 생각나는 글을 메모하기도 하고, 아침 저녁 아파트 정원을 산책하는 것이 나에게는 제일가는 하루 살기다.

아버지의 강 · 1
− 참새와 그물

　참말로 추운 날씨다. 겨울이 추운 건 당연하지만 요근래 계절답지 않는 포근한 날씨로 인해 잠시 감각을 잊고 지냈던 것 같다.

　겨울이면 더 한층 아버지 생각이 간절하다. 술을 못 하시는 아버지는 밀밭 옆에만 지나가도 취하신다는 어른이다. 이 팍팍한 세상, 한 잔 술도 없이 어찌 우리 칠남매를 키우셨는지 나이 들어갈수록 부모님 생각에 가슴이 아리다.

　아버지의 고향은 영덕이다. 소작농이던 집안의 둘째 아들로 태어나셨다. 위로 큰 아버지와 고모님이 계셨지만 돌아가시고 사촌들 몇이 요즘도 영덕에 살고 있다. 열일곱 살 되는 해 아버지는, 경기도 여주에 사는 천석을 하신다는 먼 친척댁으로 양자를 드셨다. 아들이 없던 그 댁에서는 인물이 좋고 머리가 영리한 아버지가 마음에 드신다하여 아들로 삼으셨다한다.

어머니의 고향은 영덕서 20리를 더 들어가는 '수암리' 라는 작은 산촌이다. 사방 백리를 가도 남의 땅을 밟지 않았다는 대농가의 외동딸이다. 외삼촌이 한 분 계셨지만 병으로 일찍 돌아가셔서 외동딸이 되었다. 소학교를 졸업하고 읍내의 우체국에 잠시 근무하시다 중매로 아버지를 만나 혼인을 하셨다. 그때 어머니는 열여덟 살이고 아버지는 한 살 위였다고 하니 지금의 잣대로 보면 그 나이에 무슨 철이 있을까 싶지만 그래도 일가를 이루어 칠남매 두고 70여년을 해로 하셨다.

호적은 여주에 올랐지만 내 기억으로는 아버지는 줄곧 본가가 있는 영덕에 사셨다. 부모님 생전에 좀 더 소상하게 물어보지 못한 것이 안타깝다.

마당에 우물이 있던 작은 고향집, 내가 너 댓살이 되었을까 싶은 어느 해 겨울 아버지는 탱자나무 울타리에 그물을 쳐 놓고 참새 사냥을 하시겠단다. 아버지와 나는 방안에서 숨소리도 죽이고 작은 유리창 너머로 그물에 참새가 걸리기를 문이 뚫어져라 보고 있었다. 마른 침을 몇 번이나 삼키고 얼마의 시간이 지났을까, 드디어 '푸드덕' 거리는 소리가 들렸다. 어린 딸은 손뼉을 치며 환호를 지르고 아버지는 얼굴에 웃음이 가득한 채로 그물에서 참새를 빼내셨다.

고 작고 여린 참새를 먹었는지 무엇을 했는지는 기억에 없지만 겨울만 되면 생각나는 내 어릴 적 풍경이다.

한동안은 겨울이 되면 길가의 포장마차에서 '참새구이'라는 팻말을 보고 아버지의 모습이 떠올라 나 혼자 미소 짓기도 했건만, 요즘은 그런 풍경은 없어지고 참새조차도 보기 어렵다.

아버지의 강 · 2
– 혼돈의 세월

여섯 살 되던 해 부산으로 이사를 왔다. 영덕읍에서 양복점을 하며 걱정 없이 살던 우리 집에 도둑이 들었다. 도둑은 가게에 걸린 양복감을 하나도 남김없이 싹 쓸어 갔다. 그 날 밤 부근의 다른 집 개들이 그렇게 요란하게 짖어댔다는 데도 안채에 주무시던 부모님은 까맣게 몰랐다니, 아마도 무엇에 씌웠나 보다고 나중에 말씀하셨다.

텅텅 빈 점포를 보시고 반 넋이 나간 아버지는 도둑을 잡는다고 부산으로 가셨다. 몇 달을 부산거리를 헤매며 양복점 간판이 걸린 점포는 다 뒤졌다 한다. 그렇다고 도둑이 아버지의 손에 잡히겠는가. 다시는 고향에 가기 싫다는 아버지의 전갈을 받은 어머니는 영덕의 집을 정리하고 부산으로 와서 나는 부산 사람이 되었다. 그리고 곧바로 여동생이 태어났다.

무슨 일인지 2학년 되던 해 우리는 또 신암으로 이사했다. 집은 길갓집이고 앞에 가게가 있고 안채는 살림집인 작은 기와집이었다. 얼마전에 가 보았더니 지금의 불교 방송국이 있는 근처이지 싶었다. 그 동네는 별로 변한 것이 없어 보였다. 집 앞 사차선 도로는 그대로이고 경부선 철길도 옛날 그대로다. 철길에 붙어 기차를 손보는 공작창이 있다. 그 공작창이 사변 나고는 한동안 군부대가 되기도 했었다.

신암으로 이사하고 얼마되지 않아 6.25 전쟁이 나고 피난민들이 집 앞 길을 가득 메우며 아래쪽으로 끊임없이 가고 있었다. 학교는 군병원으로 내주고 우리들은 산에 천막을 쳐 놓고 수업을 받기도 하였다. 그 시절, 나라도 혼란스러웠지만 우리집도 사건의 연속이었던 걸로 기억된다.

아버지는 일제강점기말에 일본 군인으로 차출되셨다. 그 무렵 일제 말기는 일본이 제일 발악할 때였으니 군인인들 무슨 사람 대접을 받았겠는가. 해방되기까지 그리 길지 않은 군 생활이었지만 그건 사람이 할 노릇이 아니라고 아버지는 군대 얘기만 나오면 질색을 하셨다. 그런데 6.25가 터졌으니 젊은 사람이 군대를 안 갈 수가 있겠는가. 그래 봐야 아버지 나이 30 안쪽이니 하루가 멀다하고 징집통지서가 나왔다. 일본군에서 말 못 할 고생을 한 아버지는 군대는 절대 못 간다고 버티며 피해 다니셨다.

흔히 하는 말로 군기피자가 되셨다. 키가 크고 인물이 훤한 아버지는 유독 남의 눈에 잘 띄었다. 집 앞에만 나가도 잡히고 길을 나서면 하루가 멀다하고 붙들렸다. 인편으로 소식을 전해 들은 어머니는 어찌어찌하셨는지 아버지를 집으로 모셔왔다. 그것도 한 두 번이지 가슴이 두근거려 살수가 없었다고 했다. 숨어 있던 곳에서 집으로 오시다 새벽에 잡혀 어머니가 모셔오면 밤중에 숨을 곳으로 가다가 잡혀 또 어느 경찰서에 붙들려 있다고 전갈이 오는 일이 있었단다. 그 시절에는 경찰서 주변에 그런 심부름을 해주는 브로커라는 사람들이 있었다 한다.

그즈음 비가 부슬부슬 오는 어느 늦은 밤 어머니의

친척 동생인 용이 아재가 거지꼴을 하고 우리집에 몰래 숨어들었다. 부모님은 기겁을 하시고 전기불도 켜지 않은 채 창문을 담요로 가리고는, 희미한 촛불 아래에서 요기를 시키고 아버지의 옷으로 갈아입혀 소리 소문도 없이 뒷문으로 내보냈다.

아재의 얘기로는 '보도연맹'에 가입한 죄로 저승 문 앞까지 갔다 왔다고 했다. 완장 찬 사람들과 경찰이 밤중에 마을 사람들을 불러 일렬로 세우고, 포승줄로 묶은 뒤 한마디 말도 없이 따발총으로 쏘았다고 한다. 다행히도 아재에게 날아온 총알은 옆으로 스쳐갔는지 엉겁결에 기겁을 한 아재는 다른 사람들과 같이 쓰러져 혼절을 했다고 한다. 얼마의 시간이 지났는지 서늘한 기운에 정신을 차려보니 시체 밑에 깔려 있더란다. 타는 입술을 악물고 숨소리도 내지 않고 눈을 살며시 뜨고 사방을 살피니 인기척이 없어 시체 더미를 헤치고 산을 넘어 도망쳤다고 했다.

그 일이 있은 후 수상한 사람들이 우리집을 감시하는 것 같았다고 어머니는 한숨 섞어 옛이야기 하듯 말씀하셨다.

어린 나는 그것이 무슨 소리인지 몰랐지만 나이 들

면서 같은 민족으로서 두 번 다시 있어서는 안 되는 비극이라는 것을 알았다. 6.25 사변 전후 좌익 전향자들을 계몽 지도한다고 아무 것도 모르는 사람들에게 먹을 것을 주고 땅뙈기를 준다며 가입시키고, 나중에는 반공정신이 부실한 빨갱이로 몰아 재판도 없이 무차별 처형한 사건이라고 했다.

고향에서 가지고 온 돈은 요리조리 물 새듯 없어지고, 어머니의 금붙이는 물론이고 옷가지도 값나가는 것은 남아 있지 않았다. 그 무렵 고향의 외갓집도 절단이 났다고 했다. 이승만정권이 들어서고 농지개혁의 바람이 불었다. 지주가 소작인을 착취한다면서, 토지는 나라가 관리해서 소작인들에게 정당하게 소출을 걷는다고 땅을 거의 강제로 나라에 바치는 꼴이 되었다. 땅을 가져가는 댓가로 채권을 받았다는데 그것마저 사기를 당해서 완전 무일푼이 되었다. 하나뿐인 아들을 일찍 잃고 상심이 심한데 엎친데 덮친다고 그 일로 인하여 홧병이 나신 외할머니는 세상 뜨는 날까지 아무리 추운 겨울이라도 이불을 덮지 않고 주무셨다. 그리고 긴 담뱃대에 담배를 피우기도 했다.

난리가 나니 양복을 해 입는 사람도 없고, 기피자가 된 아버지는 일손을 놓고 밤낮으로 숨어 지낼 궁리만 하니 집안 꼴은 두 말 할 필요가 없었다.

그래도 살길은 있었다. 아버지의 친구분이 아버지를 미군부대에 취직을 시켰다. 영어라고는 오케이밖에 모르는 양반이 무슨 배짱으로 부대에 갔는지 지금도 불가사의다. 눈이 똘망똘망한 자식이 둘이나 되는데 무슨 일이든 못하겠는가. 상황이 워낙 다급하고 이래 죽으나 저래 죽으나 죽기 아니면 살기다. 부대 안에서 어떤 일을 하셨는지는 모르겠지만 아버지가 마음에 든 부대장은 무슨 증명을 해 주었다한다. 그 증명만 있으면 당당하게 길을 나서고 군인들이 잡아도 그 증명만 보여주면 무사통과다. 심지어는 통행금지도 다 지나쳤다니 그제야 어머니는 가슴을 쓸어내리셨다.

조금 잠잠해진 뒤에 우리는 부대 옆 동네인 당감2동으로 이사를 했다. 그리고 남동생도 태어났다. 얼마 뒤 아버지는 부대에서 중대장이 되셨다고 어머니가 기뻐하시는 걸 보고 나도 기분이 좋았다. 사는 형편도 나아지고 우리는 그 시절 참 귀했던 통조림 고기며 달콤한

초콜릿 같은 과자도 자주 먹을 수 있었다.

하지만 그 달콤한 세월도 그리 길지는 않았다. 휴전 협정이 되어 미군이 철수하고 부대는 해산이 되었다. 아버지도 자연히 민간인으로 돌아왔다. 나라도 어느 정도 안정이 되고 사는 것도 여유가 생기니 양복에 관심을 가지는 사람들도 늘어났다. 아버지는 양복 만드는 일을 그만두고 재단사가 되셨다. 요즘 말로 디자이너였다.

아버지의 강 · 3
– 동백꽃 필 때

먼 산과 바다를 건너오는 동안 한층 누그러진 바람은 온 천지 사방의 나무와 꽃들을 흔들어 깨운다. 만물이 튀어 오르는 봄. 정원의 동백이 사철 푸른 잎을 달고 있는 듯 보여도 봄바람만 불면 반짝이는 새잎을 내놓는다. 무심한 듯 보이는 잎 사이로 붉은 봉오리를 내밀고 어느 사이 땅바닥이 핏빛으로 물들도록 꽃송이를 떨어뜨린다.

땅에 떨어진 동백꽃을 주워들다가 불현듯 당감동에 있는 선암사 동백숲이 생각났다. 원효스님이 처음에 초가 절집을 짓고 마음을 닦았다는 절이다.

우리 초등학교 다닐 때 동백꽃 필 때쯤이면 동무들과 선암사를 자주 갔었다. 집에서 얼마 멀지도 않은 그 절에 가면 지천으로 피어있는 동백이 어린 마음에도 마냥 고왔었나 보다. 절 마당 근처에만 가도 천지가 붉은 꽃이었다. 그것이 왜 그리 좋았는지 지금도 아른거린다.

언젠가 비진도에 갔다가 문화재로 지정된 그 곳 동백 숲을 보고 설레는 마음에 밤새도록 뒤척인 적이 있었다. 새벽에 일어나 숲속을 몇 발짝 걸어 보았지만 한 아름이 넘는 나무들이 꽉 찬 숲속은, 내가 감히 범접하지 못할 어떤 기운 같은 것이 느껴져 깊이 들어 갈 수가 없었다. 알 수 없는 새들의 울음소리, 생전 처음 보는 커다란 거미줄이며 자잘한 벌레들의 세상에 기가 질리기도 했다.

선암사의 동백도 항상 마음속에 아련했지만 그렇게 서운하게 없어질 줄 몰랐다. 그리도 지천이던 동백이 이제는 극락전 뒤에 숨어, 모르는 사람은 그냥 지나치기 딱 좋게 되어 버렸다. 나도 그랬다. 수십년 만에 찾은 절은 낯설기까지 했다. 앞마당을 가득 메우던 동백대신 학교며 아파트가 절 코앞까지 밀고 들어와 있었다.

130여 년 전 당시 주지스님께서 동백을 좋아하셔서 500여 그루를 심었다는데 사람들이 한 두 그루씩 뽑아 가기도 하고, 시나브로 없어져 이제는 극락전 뒤편에 몇 십 그루의 동백만이 숨어 있는 듯 군락을 이루고 있다. 선암사 동백은 토종으로 자그마한 홑겹의 꽃이다. 참새보다 작은 동박새와 어울려 살고 있다. 동백은 눈물 같은 꽃이다. 짙푸른 잎 사이로 촌색시처럼 수줍게 입을 벌린다. 노란 꽃술마저도 헤아릴 정도로 숱이 적고 얌전하다. 그러다가 어느 순간 송이째 툭 떨어진다. 마치 세상의 무상함을 알기나 하는 걸까. 나무에게 구질구질 매달리지 않는다.

나무 밑에 앉아 꽃을 보는 나의 마음도 허허롭다. 어둠살이 진다. 올라오는 계단도 힘겹고 내려가는 계단은 더 가파르다. 숨도 쉬지 않고 뛰어다니던 극락전 계단인데, 어느 사이 무릎이 시큰거리고 눈앞도 침침하다.

아버지의 강 · 4

– 재첩잡기

동백이 피는 이맘때쯤 이면 재첩은 알이 꽉 차고 맛이 제일 좋다고 한다. 아침 희뿌연 새벽부터 사상이며 구포에서는 재첩국 파는 아주머니들의 양철동이 행렬이 줄을 잇는다.

이리 저리 모두 자기 구역이 있는 모양이다. 도시의 아침 밥하는 시간에 맞춰 "재첩국 사이소"를 외치며 골목골목을 누빈다. 남의 구역은 절대 침범 하지 않는 것 같다. 정구지를 넣어 향긋하고 뽀얀 국물이며, 알갱이를 씹으면 느껴지는 삽싸름하고 묘한 그 단맛은 부산 사람들이 아니면 모를 것이다.

우리들은 학교가 쉬는 날이면 커다란 자루와 얼금얼금한 소쿠리를 가지고 낙동강이 흐르는 구포로 갔다. 강물 속 깊이 들어가지 않아도 강가의 모래를 밟으면 발바닥에 사그락 사그락 재첩이 밟힌다. 그 자리를 한 소쿠리 뜬다. 그리고는 물에 몇 번 썰렁썰렁 흔들면 모래는 빠지고 재첩만 소쿠리에 그득하다. 알도 굵다. 요즘처럼 자잘한 것은 먹을 것이 없다고 도로 물속에 넣어주고 굵은 놈만 챙겨도 금방 한 자루다.

누가 먼저랄 것도 없이 자루를 머리에 이고 발걸음은 개선장군처럼 씩씩하다. 오다가 인심 좋은 군인 트럭이라도 얻어 타고 오는 날은 그야말로 횡재다.

집에 가져오면 하늘이라도 따온 양 마음이 뿌듯하다. 어머니는 껍질 채 팍팍 치대어 씻어 물을 짤박하게 붓고 삶는다. 그리고는 커다란 옹기그릇에 담아 평상에 내 놓는다. 형제들은 오며 가며 한 알씩 까먹고 그러다 심심하면 국물도 한 국자씩 떠먹곤 했다. 참말로 옛날 옛적 이야기다.

그리 지천이던 재첩은 누가 다 먹었을까. 산업화의 물결을 타고 강을 따라 공단이 들어서고부터는 강물은 흐리고 이상한 냄새도 나며 예전 같지 않았다. 그러니 재첩이 도망갈 수밖에 없지 않을까.

어쩌다 별미라고 한 번씩 사먹어 보면 옛 맛을 재현하려고 애를 쓰는 것 같은데, 내 입맛이 늙어버린 탓인지 뭔가가 부족한 맛이다. 가격도 만만찮다. 하기야 뭐든지 귀하면 비싼 법이다.

지금은 재첩국 팔러 다니는 아주머니들도 보이지 않는다. 재첩 장사해서 먹고살고 자식들 공부시키고 했다는 얘기는 옛 사진이나 기억 속에서 한 번씩 떠 올려볼 뿐이다.

아버지의 강 · 5
– 별이 떨어지는 날

어느 날 수업이 끝나고 집으로 들어서니 진한 고깃국 냄새가 나고 외할머니도 와 계셨다. 아버지는 직장을 쉬시는지 안방에 누워 계시고 엄마와 할머니는 알약같은 걸 만든다고 계속 손으로 무얼 비비고 계셨다.

분위기가 심상찮다. 처음에는 고깃국 냄새도 나고 할머니도 오셔서 나 모르는 좋은 일이 있는 줄 알았는데, 그게 아니었다. 나는 책을 보는 척 하면서 한 쪽 옆에 앉아 두 모녀의 얘기를 가만히 엿들었다.

아버지가 가슴이 아픈 병을 앓으신다고 했다. 그래서 그런지 아버지의 하얀 피부는 멀리서도 아버지를 쉽게 알아볼 수 있었다. 아버지가 병이 나서 직장을 그만두면 집안 살림은 어쩌고 나와 동생들은 학교는 어떻게 다닐 것인가 생각하니, 순간 소녀 가장이 된 내 모습이 떠올라 눈물을 참을 수 없었다. 처연한 듯 담담한 엄마 앞에서 눈물을 보일 수도 없어 숙제를 하는 척 하면서 건넛방에서 숨죽이고 울었던 기억이 난다.

내가 공부를 그만두고 엄마를 도와서 동생들을 건사해야 한다는 야무진 생각도 했다. 겉으로는 별일 아닌 듯 마음속으로 생각을 다잡고 또 다짐하면서 그냥 무심하게 집안일을 돕는 척했다.

그러고 보니 아버지는 감기에 걸리면 빨리 낫질 않고 기침을 아주 심하게 하셨던 것 같다. 그날부터 어머니는 그 시절 귀했던 토마토를 자주 사 와서 아버지께 갈아드리고, 아침마다 마를 갈아서 계란 노른자를 넣고 참기름 한 방울 떨어뜨려서 드리기도 하고, 들깨가루도 꿀에 재웠다가 뜨거운 물에 타서 드리는 걸 평생 하셨다.

이런 음식은 지금도 손꼽는 영양식인데 엄마는 그것을 어찌 알았을까. 나도 결혼하고나서 엄마가 하시던 것과 같이 마도 갈고, 토마토 주스도 만들고, 들깨가루 차도 남편에게 해 주었다. 보고 배운 그대로 하는 것 뿐이다. 건강한 사람이었지만 남편한테는 그렇게 해야되는 줄 알았다.

아버지의 식기와 수저는 날마다 삶고, 아버지가 잡수시다 남긴 건 우리들은 절대 못 먹게 했다. 그리고 밖에 나가서는 아버지가 편찮으시단 말을 동무들에게 하면 안 된다고 동생들에게 단단히 입조심을 시키셨다. 집에서 부엌 심부름하던 아이도 자기 집으로 돌려보냈다. 그리고 언제나 하룻밤 주무시면 가시던 외할머니가 꽤 오래 집에 계셨던 것 같다.

내 기억에는 아버지는 '메리놀' 병원으로 약을 타러 가셨다. 그 병원의 외국인 의사가 그런 병을 아주 잘 고친다는 소문이 있었다. 한번 가면 약을 한 아름씩 가져오고, 독한 약은 몸을 더 상하게 한다고 고깃국도 자주 끓여 집안에 고기 냄새가 베일 정도였다.

어떤 약을 썼는지, 또는 엄마의 정성이 하늘에 닿았는지 많은 시간이 지나고 아버지는 차츰 좋아지셨다. 덩달아 나도 안심하고 학교에 다닐 수 있었지만, 결핵은 마음을 놓을 수가 없었다. 아버지는 88세 돌아가실 때까지 좋아졌다 나빠졌다를 반복하셨다.

신기한 것은 돌아가시기 얼마 전 건강검진 때 X레이를 찍어본 의사선생님은 자기 눈을 의심하셨다 한다. 놀랍게도 아버지의 폐는 양쪽 다 망가지고 제 기능을 할 수 없어 생명을 유지한다는 것이 신기할 정도라 했다. 그런데도 아버지는 그 병 말고는 다른 탈 없이 건강하게 사셨다.

  그러던 어느 날, 아침 식사 후 속이 더부룩하다고 병원에 가셔서 주사를 맞다가 한 마디 말씀도 없이 잿불처럼 조용히 가셨다.

  그 때 나는 우리 집의 별 하나가 사라졌다고 느꼈다.

어머니의 손맛

음식에 담긴 끝없는 그리움, 머리로 기억 되는 것 보다 맛이나 향으로 느끼는 달콤한 추억이 저 밑에 있는 감성을 되살린다. 생각해 보면 어머니는 솜씨가 참 좋으셨던 것 같다. 내가 결혼하기 전이면 50여 년도 훨씬 이전인데 짜장면이며 카레 같은 것을 자주 먹었던 기억이 난다. 그리고 장이면 장, 김치면 김치, 젓갈등은 물론이며, 어머니의 손만 닿으면 짭짤하고 고소하게 또는 매콤하고 달달하게 제각각의 맛으로 식구들의 입을 즐겁게 했다, 자극적인 음식은 싫어하신 아버지다. 약간 짭짤한 입맛의 어머니와는 정반대이다. 어찌 보면 까탈스럽고 귀찮기도 하련만 평생 말없이 사시는 것은 어머니의 희생이 컸지 않았나 싶다.

지금도 생각난다. 설이었다. 내가 아주 어렸을 그 시절에는 지금처럼 떡 해주는 방앗간이 없었다. 집에서 절구질해서 엄마들의 솜씨대로 떡을 만들던 때였다. 곱게 빻은 쌀가루를 반죽해서 커다란 도마에 놓고 기다랗게 가래떡을 만드셨다. 그 가래떡으로 고깃국에 끓인 떡국 한 그릇은 식구들의 보양음식이었다. 아버지는 뜨거운 국물을 마시면서도 자꾸 시원하다고 해서 어린 나는 희한하다 생각했지만, 나도 지금 그러고 있다.

아버지는 근대국을 좋아하셨다. 된장 풀어 담백한 맛을 내는 국물에 밥을 말아 드시곤 했다. 그때 우리가 먹었던 모든 음식은 지금 보면 친환경 자연식이다. 방앗간이 생긴 후로는 어머니의 요술 솜씨는 구경하기가 어려워졌다. 어찌 보면 문명이 우리들의 향수까지도 뺏어간 셈이다. 인간이 컴퓨터다 뭐다 기계를 만들어 놓고 그 기계에 밀려 일자리를 뺏긴 꼴이 된 거나 다름없다.

불러만 봐도 목이 메는 이름 어머니. 달 밝은 밤이면 큰 장독대 위에 정한수 대접을 올려놓고 무언가를 소원하고 계셨다. 언제나 텁텁한 모습으로 배를 불룩 내밀고 있는 커다란 항아리는, 달빛 속에서 손을 비는 어머니가 마음을 털어 놓을 수 있는 유일한 친구가 아니었나 생각된다.

간장 된장 고추장은 우리 음식의 가장 기본양념이다. 이 세 가지만 있으면 어떤 음식이든 맛을 낼 수 있다. 요즘은 주거 문화도 많이 바뀌어서 장독을 보기도 어렵고, 손수 장을 만드는 집도 많이 줄었다. 어느 회사의 간장이 맛있고, 어느 장인의 고추장이 맛있다고 예쁜 모델을 앞세워 입에 침이 마르게 선전하지만, 집에서 만드는 엄마의 손맛은 따라 갈수가 없을 것이다.

아직까지는 장을 사 먹어 본적이 없는 나도 아파트로 이사한다고 마음을 정한 후에는 장을 어떻게 할까 참 걱정을 많이 했다. 볕 좋은 장독에서 몇 년 먹을 것은 유념했지만 그 것을 얼마나 먹을 수 있을지 모르겠다.

어머니보다 더 손맛이 좋은 분은 외할머니다. 외할머니의 가자미 식혜 맛은 어머니는 죽었다 깨어나도 흉내도 못 낸다. 무를 굵게 채 썰고 고운 엿질금 가루에 좁쌀 밥을 넣고 삭히는 가자미 식혜의 달콤하고 아리한 맛, 어머니는 그 비릿한 맛을 싫어해서 할머니가 식혜 만드실 때 강 건너 불 보듯 했다하셨다. 내가 결혼하고 남편이 식혜를 좋아해서 어머니가 설명해 주는 대로 했지만 맛은 별로였다. 어머니도 직접 해보지 않고 할머니가 하시는 것을 어깨너머로 보았으니 설명인들 제대로 되었겠는가.

가을이면 어머니는 홍시를 좋아하셨다. 커다란 대봉감을 한 상자씩 사다드리면, 만면에 함빡 웃음을 지으시며 행복해 하시던 모습, 치아가 나빠진 뒤로는 부드러운 것만 좋아하시니 더 그런 것 같았다. 며칠 전에 지인이 보낸 커다란 감을 거실에 두고 보니 만감이 교차한다.

어머니, 그곳은 무엇이 필요한지 택배도 보낼 수 없는 곳이라 마음만 심란하다.

매미

 매미소리가 자지러진다. 여름이 꼭지에 와 있다고 일러주는 셈이다. 비록 작은 미물이지만 계절의 무상함을 저들이 먼저 알고 있다. 밖을 보면 여름 햇살이 범보다 무섭게 느껴진다. 그런데도 저것들은 더 신나게 합창을 한다. 좋게 들으면 조합이 잘 맞는 하모니다. 여름이 아니면 들을 수 없는 소리다.

 어느 동네에서는 밤낮으로 너무 시끄러워 공해로 여길 정도라니 매미들의 입장에서 보면 참 인간들의 비위 맞추기 어렵다고 생각할 것 아닌가 싶다. 난감한 일이 아닐 수 없다. 만약에 여름 한철 매미가 오지 않는다면 그건 생각할 수 없는 끔찍한 일이다. 매미가 살수 없는 곳은 인간도 살수 없는 곳이 될 테다.

가까운 곳에서 녀석들의 울음소리가 들린다. 고개를 돌려보니 방충망에 매미가 두 마리 붙어 있다. 이 높은 10층까지 어찌 올라 왔을까. 행여나 떨어질까 가느다란 다리로 있는 힘을 다해서 매달려 있는 것 같아 애가 쓰인다. 공연히 내 팔 다리가 저려 오는 것 같다. 두 마리가 같이 온 걸로 보아선 짝짓기 장소를 찾다가 실수로 여기까지 온 것 같다. 그렇다고 내가 어떻게 해 줄 수도 없다. 녀석들과 나는 서로 눈만 마주보며 한참을 그렇게 있었다.

그래도 저들보단 내가 먼저 용기를 내야겠다. 한 놈을 손가락으로 '툭' 쳤다. 그 서슬에 옆에 있던 다른 놈도 덩달아 날아가 버린다. 역시 두 놈이 같이 간다. 얇디얇은 망사 옷 날개를 활짝 펴며 나무 숲 속으로 숨어 버린다.

7년을 땅속에 있다가 세상 밖에서는 스무날 남짓 산다는 매미. 그 스무날 동안에 수놈은 목청껏 노래를 불러 암놈을 만나 짝짓기를 하고, 알을 나무껍질 같은 데 숨겨 둬야 생이 끝나고 그 알은 또 같은 일생이 반복된다.

생이 끝날 때 까지 부지런히 살아가는 모습은 미물이나 인간이나 비슷한 것 같다. 저렇게 목청껏 울어야 살아갈 수 있는 매미들은 우는 것이 단순히 소리를 지르는 것이 아닌 살아가는 이유다. 살아가려면 한 세계를 깨트려야 한다.

시끄럽다고 너무 미워하지 말자. 우리 인간들도 못마땅한 일이 얼마나 많은가.

2부

바람의 그림자

 긴 겨울 헐벗은 나무는 오기로 버티는 것 같다. 아니 오기라기보다는 독기로 버티는 지도 모른다. 독한 마음먹지 않고서야 어찌 맨몸으로 긴긴 동짓날 밤을 새울 수 있을 것이며, 섣달의 눈보라를 이길 수 있을 것인가. 독이 때로는 약이 되기도 한다. 죽은 듯이 잠든 껍질을 뚫고, 움을 틔우고 꽃을 피울 봄을 생각하면 "이까짓 추위쯤이야…." 하고 더욱더 속마음을 다잡을 지도 모른다.

 산불이 났다. 죽은 듯 마른 나무가 기어코 일을 낸 것이다. 마주보고 서 있던 두 그루의 나무는 어디서 날아 왔는지 모르는 작은 불씨에 잔가지끼리 살살 장난을 치고 있었다. 그 사이로 바람이 끼어들었다. 그때 바람만 장난을 부추기지 않으면 장난은 장난으로 끝이 났을 것이다. 바람은 하늘의 기운이다. 하늘이 하는 일에 바람도 어쩔 수 없었을 것이다. 바람이 점점 세차게 나뭇가지를 흔들었다. 나무와 나무는 생각이 바뀌었다. 장난이 아닌 열정이 뻗치기 시작 했는지도 모른다.

어느 순간 '확'하고 걷잡을 수 없는 불길이 일었다. 마른 나무에 한번 불이 붙자 말릴 사이도 없이 불길은 맹렬한 기세로 온 산을 덮고 말았다. 살아있다고 나무가 몸부림 쳤지만 소용이 없었다. 바람은 흔적만을 남기고 싶었지만 자기 기운에 스스로도 질리고 말았다. 산불은 나무가 옷을 벗은 겨울에 더 잘 일어난다. 잎이 달린 나무는 무성한 잎만으로도 충분히 살아있는 증거가 된다. 죽은 듯한 그 독기를 달랠 사이도 없이 순식간에 산천은 폐허가 되어 버린다. 누가 **뼈**대 있다고 큰소릴 치는가. **뼈**도 없는 바람이 한번 성질을 내면 세상의 모든 **뼈**있는 것들을 한 번에 쓸어버린다. 막말로 **뼈**도 못 추린다.

바람도 빌딩숲에 이르면 키가 크고 싶고 심술이 생기나보다. 골 깊은 건물들 사이에서 혼자만의 길을 만들며 위로만 걷는다. 대밭에서 부는 바람보다 더 시퍼런 바람이 높은 아파트의 틈 사이를 마음대로 드나들며 유리창을 흔들어 깨트리거나, 21세기의 솟대를 찾아가기도 한다. 요즘 높은 건물 옥상에는 어김없이 통신사 중계시설이 매달려있다. 전파를 잘 받을 수 있는 방향으로 여러 모양의 날개를 뻗치며 전선줄을 주렁주렁 매달고 있다. 내 눈에는 그것이 예전의 솟대가 세월따라 변한 모습이 아닌가 생각된다. 바람은 저희들끼리도 시샘을 하는 것 같다. 바람의 그림자가 적막을 남긴 채 길게 꼬리를 빼며 지나간다.

내 가슴에도 바람이 한번 지나갔으면 좋겠다. 불꽃이 일든, 죽든 살든 거세게 몰아치는 글쓰기의 태풍을 기다리고 싶다. 음력 2월은 바람의 달이다. 영동 할미가 바람을 데리고 온다. 바닷가 뱃사람들은 영동할미에게 고사도 지내고, 액막이 굿도 하며 풍신을 달랜다. 머지않아 온 산에 꽃바람이 불 것이다. 어떤 바람이든 나는 바람을 좋아한다. 바람난 불꽃같은 여자를 사랑한다. 진정한 바람은 살아있다는 증거다. 바람이 없는 가슴은 생명이 없는 가슴이라고 나 혼자 중얼거려 본다.

바람은 오늘도 전설을 하나씩 만들며 하늘을 걷는다.

세상사 새옹지마

　요즘 어느 집이라도 냉동실을 뒤지면 한두 달은 장을 보지 않아도 충분히 지낼 만 할 것이다. 친구네들을 보면 거의 냉장고가 두 대씩 있는 집들이 대부분이다. 이제는 가정의 필수품이 된 대형 냉장고는 물론 김치 냉장고까지, 마치 영업집을 방불케 한다. 주거시설이 예전 같지 않고 아파트에 사는 집들이 많다 보니 간장 된장 고추장까지 냉장고에 간수해야 할 형편이다.

　냉장고를 뒤져서 말린 버섯, 파, 양파, 어묵, 고기, 홍당무 그리고, 베란다에서 당면을 꺼냈다. 오늘은 딸이 잘 먹는 잡채를 해야겠다. 어제는 지난 겨울 말려두었던 대구 대가리로 무 넣고 찌개를 했더니 깔끔한 것이 입맛이 돌아온다. 얼마 전에는 얼려두었던 미역국으로 이틀을 살았다.

국도 미역국, 쑥국, 고깃국 입맛대로 해서 봉지봉지 넣어둔다. 먹을 때마다 조금씩 해먹으면 냉장고도 복잡하지 않을 것인데 이놈의 습관이 큰 문제다. 지난 여름 친구네 연밭에서 잘라온 연잎이 아직도 시퍼렇게 냉동실 한쪽을 차지하고 있다. 연밥을 해 먹는다고 욕심껏 가져와서는 연밥 두어 번 해 먹고, 고기 삶을 때 몇 번 넣고는 그냥 자리 차지만 한다.

그 밑의 칸에는 감이 가득하다. 얼린 홍시도 있고 감말랭이도 있다. 일 년 내내 약 한번 치지 않는 딸네의 감은 꼴이 말이 아니다. 팔아먹을 주제도 못된다. 감이 오는 날은 방 한 칸은 완전히 건조실이 된다. 제사에 쓸 것은 곶감 만들고 다식으로 할 것은 잘라서 말랭이로 만들어 선물도 하고 겨우내 간식으로 먹는다. 말랭이도 고구마 말랭이, 무말랭이, 호박말랭이, 박고지 등 내가 봐도 정신이 어지럽다.

생선도 몇 가지씩 얼려두고 기운 없을 때 삶아 먹고 죽 끓여 먹는다고 전복, 새우, 조개 등도 있다. 국거리

수육거리 만두 떡국 같은 것도 만만찮게 들어있다. 갑자기 친구들 오면 다식한다고 떡도 항상 두어가지 씩 들어있다. 시래기도 된장에 주물러 두고 햄 치즈 어묵까지 마치 냉장고가 장날이다.

베란다는 콩, 팥, 현미, 율무, 찹쌀, 보리쌀, 귀리 등이 병병이 들어 있다. 또 무슨 액기스 병들은 왜 이리 많을까. 페트병이 몇 개인지 모르겠다. 이것들을 먹고 얼마나 오래 살겠다고 이 난리를 치는지 이렇게 나열해 놓고 보니 내가 마치 정신 나간 여자 같다. 조금씩 사서 싱싱하게 맛있게 먹으면 될 것을, 무단시리 좋고 싱싱한 것을 사다 얼려두고 어떤 때는 너무 시간이 지나 먹지도 못하고 버리는 것도 더러 있다. 버릴 때 하는 말이 나 혼자 들어도 가관이다. '먹은 셈 치자' 하고 호기 있게 버린다. 그게 바로 돈이란 걸 왜 모르는지 답답하다.

싸고 좋은 것 산다고 이리저리 발품 팔아, 집에 와서 천덕꾸러기로 만드는 것은 순전히 나의 음식에 대한 욕심 때문이다. 이 노탐을 버려야 한다. 벌써 장을 안 본지가 한 달도 넘는다. 그래도 냉동실은 변함없이 가득하다. 몇 가지 꺼냈다고 줄어들 냉장고가 아니다.
 그러나 코로나19로 시장가기도 조심스러운 요즘 같은 비대면 시대에는 오히려 마음이 든든하다. 그래서 세상사 새옹지마란 말이 있는 것일까.

무소유

오솔길을 따라가다 화살표를 보고 왼편으로 접어든다. 이름하여 '무소유길'이다. 길 군데군데 스님의 무소유에 대한 말씀이 새겨져 있다. 무소유란 아무것도 갖지 않는다는 것이 아니고 불필요한 것을 갖지 않는다는 것이다.

가을도 끝자락인지 바람이 불 때마다 나뭇잎이 후루룩 떨어진다. 나뭇잎을 맞는 것도 재미있다. 삼나무길이 나온다. 오솔길이 나무향으로 가득하다. 삼나무는 줄기도 별로 없고 그저 쭉쭉 하늘로만 뻗어있다. 어쩌면 스님의 성품을 닮은 것 같기도 하다. 조금 더 오르니 양 옆으로 대나무길이 구불구불하다. 대나무길은 질서 있게 정리되어 있고 몇 년 전에 올 때보다 길

이 조금 넓어진 것 같다. 두 사람이 나란히 걸어도 충분하다. 사람들이 그만큼 많이 드나든다는 증거다

　드디어 대나무 사립문 앞이다. 불일암은 스님이 계실 때보다 스님이 안 계신 지금이 더 신도들의 발걸음이 잦아진 것 같다. 대나무밭에 바람이 인다. 바람에 색깔이 있다면 대나무밭에 이는 바람은 푸른색이 아닐까 생각해 본다. 가지들끼리 부딪히는 소리가 '탁탁'하고 조그맣게 들린다. 대밭은 바람이 일지 않아도 잎이 흔들리는 것 같다. 문득 대나무밭 가까이 있으면 외롭지 않겠다는 생각이 든다. 그래서 스님은 암자에 혼자 계셔도 외롭지 않으셨을까.

　스님은 스승이셨던 보조국사를 늘 마음에 두고 계셨을까. '불일'은 보조국사의 시호이고 원래 암자는 '자정암'이었던 것을 1975년 스님이 이곳으로 오시면서 '불일암'으로 편액을 거셨다 한다. 마당의 동백나무는 철 이른 봉오리만 빼물고, 동편의 매화나무는 봄을 준비하는지 잔가지만 바람을 타고 있다. 스님의 영혼이 잠든 마당의 후박나무 아래에서 잠시 경건한 마음이 된다.

오래전 어떤 인연으로 '맑고 향기롭게'란 단체에 잠깐 몸담고 있을 때다. 그때 시민회관에 한 말씀 일러주러 오신 스님을 가까이서 뵐 수 있었다. 그날 뵌 스님은 자그마한 몸집에 좀 강건하다는 느낌을 받았었다.

불일암의 모든 것이 스님을 닮은 듯 깨끗하고 소박하다. 스님의 영정에 예를 올리고 큰절로 내려왔다. 전라남도 순천에 있는 송광사는 언제 봐도 고색이 짙다. 더구나 오늘은 주중이라 신도들이 적어 참 고즈넉하다. 대웅전 가는 길의 뒷돌담엔 담장이 넝쿨이, 올 여름의 그 지독한 더위에 지쳤는지 노랗게 빨갛게 가을 물에 젖어 잎을 하나씩 떨구며 겨울 채비를 하고 있다.

갑자기 빗방울이 듣는다. 아니다. 자세히 보니 눈이다. 첫눈이다. 내리자마자 녹아 없어지지만 분명 첫눈이다. 그러고 보니 산 위에는 눈이 뽀얗다. 해거름 산사에서 첫눈을 보다니 부처님의 가호가 아닌가 싶다. 왠지 좋은 일이 있을 같아 마음이 가벼워진다.

홍교에서 아래로 쓸려 흐르는 물소리는 여전하고, 물 위로 떠내려가는 낙엽들은 언제 봐도 정겨운 그림이다. 송광사에는 풍경이 없다고 한다. 풍경 소리마저

스님들의 수행 정진에 방해가 된다니 구도의 길은 멀고도 험한 것 같다. 바람이 일 때마다 들리는 '댕그렁' 소리가 오히려 속인들의 마음을 깨우쳐 줄 것 같건만, 스님들의 깊은 속을 어찌 우리들이 알 것인가.

벨트를 찾아서

오래 전 일이다. 친한 지인이 옷감을 한 벌 줬다. 요즘은 기성복이 유행이라 옷감 장사도 한물갔다며 점포를 정리한다고 했다. 천이 두툼하고 무늬도 마음에 들어 원피스를 해 입으면 썰렁한 날은 괜찮을 것 같아서 이웃에 있는 양장점에서 주인과 머리를 맞대고 어떤 스타일이 좋을까 하면서 최신식으로 만들어 달라고 신신당부를 했다. 그런데 막상 옷을 찾아 입어보니 늙은이 티가 나면서 영 아니었다.

두 번 다시 입고 싶은 생각이 없었다. 나도 마음에 들지 않는 것을 남 주기도 그렇고, 들인 수공비도 있고 새 옷이라 아깝기도 해서 옷장 한구석에 두고 잊고 있었다. 그런데 며칠 전 내 나이 또래의 부인이 그 비

숫한 옷을 입고 길을 가는 모습이 꽤 점잖아 보이고 멋이 있었다. 그때서야 나도 그 원피스 생각이 불현듯 났다. 아! 요즘 이런 스타일이 유행이구나 생각했다. 유행은 돌고 돈다더니 하는 생각에 집에 오자마자 옷장에서 옷을 꺼냈다.

10여 년도 더 된 옛날 옷인데 요즘 유행하는 옷과 비교해도 뒤쳐져 보이지도 않고 별 구식이라는 생각이 들지 않았다. 입어 보니 옛날에 입었을 때와는 영 다른 느낌이다. 같은 옷인데도 나이에 따라서 옷 입는 사람이 달라 보였다. 그런 스타일의 옷은 나이든 사람에 어울리는 것 같았다.

모임이 있는 날이다. 겉에 두르는 숄만 요즘 유행하는 것으로 살짝 두르고 나름대로 잔뜩 멋을 내 보았다. 아니나 다를까 모두들 점잖아 보이고 좋다고들 한다. 심지어 어느 후배는 자기가 제일 좋아하는 스타일의 옷이라면서 엄지손가락을 들어 보이기도 한다. 그렇다고 다 좋은 것만 아니었다. 허리에 매는 벨트가 문제였다. 원래 그 옷에 벨트가 없는 것은 아니다. 양장점에서 만들어 주는 벨트는 손가락처럼 가느다란 검정

색 가죽벨트다. 내가 방안에서 혼자 매어보니 꼭 쌀자루에 검은 띠 둘러놓은 것 같아서 나 혼자 얼마나 웃었는지 모른다. 내가 얼굴이 갸름하고 팔다리에 살이 없어서 그렇지 배며 허리에 붙어있는 나이 살은 어쩔 수 없다. 그래서 벨트를 매지 않았는데 모두들 요즘 유행하는 보석이 달린 넓적한 가죽 벨트를 매면 한결 돋보일 것이라 한다. 그렇다. 딸들도 보니까 5cm도 더 되는 넓적한 벨트를 어느 옷에는 꼭 맞게 단정하게 매고, 또 다른 스타일의 옷에는 앞으로 약간 느슨하게 매면서 멋을 부리고 있었다.

시간이 나는 어느 날 마음에 드는 벨트를 사러 집을 나섰다. 백화점은 비쌀 것 같아서 국제시장 장신구점엘 갔다. 점포 안에는 그야말로 각양각색의 벨트가 수도 없었다. 보석이 붙어 반짝거리는 것, 검은색 갈색 흰색, 넓이도 손바닥처럼 넓은 것 손가락같이 가는 것, 그리고 색색의 실로 꼬아 만든 것도 있었다. 쭈뼛거리면서 이것저것 만져보고 있으니 주인인 듯 한 여자가 곁에 와서 누가 쓸 것을 찾느냐고 묻는다. 내가 쓸 것인데 적당한 것을 골라 달라고 부탁을 했다. 여자는 웃으면서 내 허리를 슬슬 만져 본다. 그러더니 하는 말

"그 허리에는 벨트를 매면 허리가 더 굵어 보이니 벨트를 하지 말고 지금 그대로가 훨씬 자연스러워 보이고 좋은데요." 하면서 웃음을 참지 못한다. 나도 덩달아 웃으면서 "그럼 나 같은 사람이 꼭 벨트를 하려면 어떤 형이 좋으냐?" 물으니 지금 자기 집에는 그 물건이 없는데 "꼭 하고 싶으면 금속체인으로 만든 것이 있는데 눈에 보이면 그런 것을 한번 사 보세요." 한다. 모르는 사람인데 아무거나 팔면 될 것을 어울리지 않는다고 굳이 말리는 것으로 봐서는 여자는 참 양심적인 것 같아서 그 말을 믿기로 했다.

벨트 없이 원피스를 몇 번 입고 다녔다. 보는 사람마다 벨트를 해 보라고 입을 댄다. 허리가 굵으면 굵은 대로 그 나름의 멋이 있으니 과감하게 한번 시도해 보라 한다. 또 이 팔랑 귀가 마음이 흔들린다. 아무 약속이 없는 날이다. 오늘은 기필코 마음에 드는 벨트를 찾아보리라 작심하고 비장한 각오를 하면서 이번에는 백화점엘 갔다. 아우들이 시키는 대로 보석달린 넓적한 가죽벨트를 하나 골라잡았다. 점원이 다가오더니 허리에 대 보라한다. 대 보는 것만으로는 마음에 차지 않아서 한번 매 보기로 했다. '아뿔사 이런 낭패가 있나' 고리를 채울 구멍이 모자란다. 이 벨트 디자인은 구멍을 더 뚫을 수도 없게 되어있었다. 남자들의 벨트는 구멍을 마음대로 늘려도 되더니만….

그래도 포기하지 않고 몇 집을 더 다녀봤다. 백화점은 안 되겠다 싶어 길 건너 또 다른 도매시장을 들렸다. 디자인이 마음에 들면 치수가 작고, 치수가 크면 내가 원하는 디자인이 아니다. 이 점포 저 점포 다니면서 몇 시간이 흘렀다. 다리에 힘이 빠지면서 입에 침이 마른다. 아까 점심으로 먹은 빵 한 조각이 소화가 다 되었는지 허기가 지면서 탈진이 될 것만 같다.

국수집에 들려 뜨거운 국물을 마시니 좀 정신이 든다. 요즘에는 옷은 큰 옷을 파는 집이 눈에 많이 보인다. 그런데 벨트는 디자인도 예쁜 것을 크게 만들면 왜 안 되는지 이해가 안 된다. 어느 개그우먼의 말이 실감 난다. "이 세상의 예쁜 것들은 다 사라져라. 머지않아 퉁퉁이의 시대가 올 것이다."

엄마 찾아 삼만리가 아니라 벨트 찾아 삼만리의 고행이다. 누가 들으면 나더러 주책이라 할 것이지만 그래도 나는 아직은 여자이고 싶다.

눈雪, 짐승이 되다

그날 아침, 좀처럼 눈을 보기 힘든 부산에서 그렇게 탐스런 함박눈이 펑펑 쏟아진다는 것이 축복이라고 생각했었다.

친구들과 점심 약속이 있었다. 눈이 이렇게 오는데 집에 있기보다는 친구들을 만나러 간다는 것에 들떠 있었다. 약속 장소는 지하철을 타고가면 20분이면 갈 수 있는 거리였다. 바로 집 앞이 지하철역이다. 그런 것을 버스를 타고가면서 차창에 부딪히는 눈을 보겠다는 철없는 환상에 젖었던 것이 탈이었다. 버스 정류소에서 버스를 기다린 것이 30분도 더 되었지만 그쪽으로 가는 버스는 올 생각을 않는다.

나도, 눈도 버스를 기다린다. 눈은 이리저리 휘날리

며 온다. 곧바른 자세로, 아니면 술 취해서 비틀거리듯 내키는 대로 마구 내려 쌓인다.

사태의 심각성을 깨달았지만 지하철을 타고 가려니 오기가 생겼다. 오늘은 무조건 버스로 가리라 굳은 결심으로 어떻게 하든 터널만 넘어가자하고 아무거나 탔다. 터널을 지나서 환승을 해서 또 다른 버스를 타고, 다시 내려 한참을 기다린 후 또 다른 버스로 갈아 타고 이렇게 버스를 세 번이나 바꿔 타고 약속 장소에 이르니 한 시간 반이 걸렸다. 20분이면 갈 거리를 한 시간 반이나 그것도 눈 속에서 떨며 애타게 버스를 갈아타며 도착했다.

약속 장소에는 친구들이 반밖에 못 왔다. 약간 비탈진 곳에 사는 친구들은 아예 집 나설 엄두를 내지 못한다고 연락이 왔다. 조금만 경사져도 버스고 택시고 다니질 않는다. 눈에 약한 부산은 자동차뿐만이 아니고 사람들도 길을 걸을 때는 아기처럼 조심조심해서 걷는다.

점심을 먹고 한참 놀다가 밖을 보니 눈은 더 심하게 퍼붓는다. 이렇게 노닥거릴 일이 아니다. 우리는 서둘러 밖으로 나왔다. 밖은 그야말로 백설천지다. 길이고 집이고 모두 새하얗고 깨끗하다.

집으로 가는 것도 의견이 분분하다. 그러거나 말거나 나는 어떻게 하든지 지하철역에만 가면 모든 고난은 해결된다는 생각이 들어, 마침 지하철역을 지나가는 버스가 오기에 무조건 탔다. 하단 오거리에 내려 지하철을 타니 비로소 집에 무사히 갈 수 있다는 생각에 안도의 한숨이 나왔다. 지하철은 그야말로 인산인해다. 부산에 지하철이 생긴 지가 꽤 되었지만 하단역에 그렇게 사람이 많은 것은 처음 봤다. 이럴 때는 지하철이 제일 빠르고 안전하다.

집에 도착해서 친구들한테 전화를 해보니 친구들은 아직도 그 눈이 쏟아지는 속에서 버스를 기다린다고 한다. 우리가 헤어진지가 벌써 30분이 지났다. 내가 하단 오거리까지 오는 동안 아무리 반대쪽을 살펴도 그쪽으로 가는 버스는 보이질 않았다. 나는 친구들에게 다급하게 말했다.

"내가 버스 기사에게 들은 바로는 그쪽으로는 오늘 버스가 다니지 않을 수 있으니 아무거나 타고 하단에서 지하철을 타도록 해"

무슨 비상시의 탈출 명령 같다.

상점마다 집집마다 자기들 집 앞의 눈을 치우느라 모두 한마음이다. 자연히 사람들 발길이 뜸한 곳에 작은 동산만 한 눈 무더기가 생긴다. 지나가던 사람들이 담배꽁초를 그 위에 '휙' 던진다. 아이들이 막대기로 꾹꾹 찌르다가 꽂아놓고 간다. 바람에 날려 온 껌종이도 착 달라붙는다. 눈 무더기는 흡사 짐승처럼 쭈그리고 앉아 말없이 눈물만 흘린다. 기력이 다한 늙은 짐승처럼 움직이지도 않고 눈물만 흘리고 있다.

처음 눈이 펄펄 날릴 때는 첫사랑이라도 만나는 것처럼 신나고 하염없이 창밖을 내다보며 무슨 기적이 생기지나 않나 하고 가슴 두근거린다. 아무도 밟지 않은 소복하고 하얀 눈을 밟을 때의 뽀드득거리는 촉감은 얼마나 상쾌한가.

나뭇가지마다 눈꽃이 하얗게 핀 모습은 정말 이국적이다. 가느다란 줄기 따라 눈도 하얗게 가느다랗게 붙어있으면 넓적한 나뭇잎에 수북하게 앉은 눈은 꽃보다 한결 섬세하게 보이고, 바람이 불 때는 떨어지지 않으려고 착 달라붙어 있는 모습이 능청스러워 보이기도 했다. 소나무는 마치 흰 상여가 된 듯하다. 상여를 하늘 가까이 들어 올리듯 더 많은 흰 꽃이 쌓인다. 바람은 장송곡인 듯 윙윙 소리를 낸다.

좋은 것은 한순간이다. 자꾸자꾸 더 오라고 손짓하면 눈은 야누스의 얼굴을 하고 폭탄 같은 기세로 망나니짓을 한다. 사람들을 비틀거리게 하고, 며칠이고 집 밖을 나오지도 못하게 발목을 잡는다. 자동차도 발밑에 감추어 버리고, 힘없는 농부들의 비닐집도 무너뜨린다.

그리고 종내에는 저도 버림받은 짐승의 처참한 몰골을 하고 흔적도 없어진다.

고향에 대하여

누가 고향이 어디냐고 물으면 나도 모르게 '영덕'이라고 대답한다. 고향이란 태어나고 자라던 산천이며, 그립고 안타깝고 생각나면 언제든지 달려갈 수 있는 어머니의 품 같은 곳이다. 나는 영덕에서 태어났다. 그러니 영덕이 고향이 맞다.

그렇지만 여섯 살 때 아버지의 사업차 부산으로 이사와 칠십 여년을 살았으니 어쩌면 부산이 내 고향이 아닐까 생각된다. 유행가에서도 '타향도 정이 들면 고향이지…'라고 하듯이 어릴 때 고향을 떠나서 그런지, 남겨둔 추억이 없어서인지 말로는 '영덕'이 고향이라 하면서도 애틋한 무엇이 없다.

6.25 전쟁이 나고 타의에 의해서 고향을 등진, 그래

서 고향을 잃어버린 실향민들, 저 강원도 '아바이' 마을에 사는 사람들의 말에 의하면, 자기들이 삼팔선이 가까운 '속초'에 사는 이유도 고향이 가깝고, 바람이라도 불면 고향의 공기라도 행여 피부에 닿을까 해서 다른 곳에는 갈 엄두도 못 내고 몇 십 년을 그곳에서 지낸다고 한다. 먹거리도 순대나 명태 같은 고향냄새가 나는 음식을 밥상에 자주 올린다고 한다. 그런 사람들에게 고향은 진정 가슴 아프고 꿈에서도 잊지 못할 곳이다.

언젠가 읽은 책에서 '고향을 떠나는 것은 하늘을 잃는 것이요, 조상과 이별하는 아픔이 있다'라고 하였다. 성공해서 돌아오면 금의환향이요, 타의에 의해서 어쩔 수 없이 돌아오면 낙향한다는 말도 그만큼 고향은 삶의 한 부분이지 싶다.

'영덕'은 물이 맑고 은어가 뛰어노는 '오십천'이라는 큰 강이 있고, 조금만 동으로 가면 바다가 있어 사철 수산물이 풍부한 참 살기 좋은 곳이다. 까마득한 옛날, 사촌들과 강가로 다슬기 잡으러 갔던 생각이 난다. 저녁 무렵이지 싶다. 큰 돌덩이를 뒤집으면 그 밑에 다닥다닥 붙어 있던 까만 다슬기를 줍던 기억, 유치원에 다닐 때 어딘지 모르지만 소풍간다고 엄마와 배를 타고 가다가 멀미를 심하게 했던 기억만이 가물가물 하다.

남편도 고향이 어디냐 물으면 망설임도 없이 '언양'이 고향이란다. 사실 남편은 '언양'에서 태어나지도 않았다. 시부모님의 고향이 '언양'이다. 그는 보수동에서 태어나서 화랑국민학교를 다녔다. 서울로 대학공부를 하러가기까지 쭉 부산에서 살았다. 진정한 부산 토박이다. 그래도 고향이 '언양'이라고 하는 것을 보면 잠재의식이 참 무서운가 보다.

결혼을 하고 그의 직장을 따라 대신동에 자릴 잡았다. 혼인 신고를 하고 아이들의 출생신고며 여러 가지 불편한 일이 많아서 우리는 본적을 대신동으로 옮기고 일가를 이루었다.

우리나라 사람들은 고향을 본적이라 하고 현재 사는 곳을 주소지라 하지 싶다. 그러니 우리 아이들은 모두 대신동이 고향이다. 나도 본적이 대신동이니 분명 고향이 대신동이라야 마땅하다. 살기도 대신동에서 반평생을 살았다. 하지만 지금도 누가 고향이 어디냐 물으면 '영덕'이라는 대답이 쉽게 나온다.

정 붙이고 살면 고향이지 하다가도 낯선 사람 만나 인사하다가 고향이 경북이라는 말만 들어도 공연히 마음이 더 가는 것은 어쩔 수 없이 향수를 그리워하는 인간의 본성이지 싶다.

청소기 다 모여

시어머님이 세상을 떠나자 집 안 청소가 제일 큰일이었다. 친구들의 말을 들어 보아도 집안일 중에 청소가 제일 힘들고 큰일이라고 했다. 빨래야 세탁기가 거의 다 해주고, 밥도 요즘은 너무 좋은 전기밥솥들이 많다. 집집마다 핵가족이니 반찬 두어가지하면 된다.

남편은 형제가 없는 외동이라 어머님은 하루도 나와 떨어져 본 적이 없다. 어쩌다 친척 이모님이 심심하다며 며칠씩 모셔갈 뿐, 세상 뜨는 날까지 우리 고부는 가슴 속의 바람을 일으켰다 잠재웠다 하면서 거의 평생을 같이 보냈다.

고부간에 갈등이야 어느 집인들 없을까만 하나밖에 없는 며느리라고 어머님은 할 말도 많이 참았지 싶다.

나는 내가 시집살이하느라 속이 썩고 가슴에 천불이 난다고 생각했는데 시간이 지나고 나서야 어머님의 자상한 마음을 알 것 같다. 청소는 언제나 어머님 몫이었다. 참 정갈했던 어머님은 눈만 뜨면 화장부터 하고 대문 앞을 치우셨다. 그리고 아침 식사 후에는 집 안 청소를 하신다. 하루도 거르는 법이 없다. 숨을 거두기 며칠 전까지도 걸레를 손에서 놓지 않으셨다.

막상 어머님이 안 계시니 몇십 년을 해보지 않은 일이라 힘들고, 방 하나 닦고 나니 손목이 시큰거리고 어깨도 뻐근하다. 이러다가는 내 관절에 무리가 올 것은 불을 보듯 뻔하다. 도우미 아줌마를 부르고 싶지만 낯선 사람이 집안을 왔다 갔다 하는 것도 신경 쓰이고 하는 수 없이 남편을 살살 꼬드겼다. 만만한 사람이 남편이다. 마침 퇴직을 하고 집에 있는 시간이 제일 많은 사람이다. 용돈을 대폭 올려 준다는 조건으로 집 안 청소는 남편이 책임지기로 약속했다.

내가 아침 운동을 갔다 오면 그는 나름대로 대충 치워놓는다. 그도 평생 직장 다니며 밖으로만 돌던 사람인데 집안일은 무얼 알까만 그래도 안 해놓은 것보단

나았다. 그러나 그도 그리 오랜 시간 나를 도와주지 못했다. 도와주던 사람들 모두 떠나고 집안의 모든 일은 큰일이든 작은 일이든 이제는 다 내 차지다.

며칠을 속을 끓이다 내가 한 일은 티브이 홈쇼핑에서 편리하다는 청소기는 보이는 대로 사보는 것이었다. 진공청소기는 기본이고 엎드려서 걸레질을 안 하려고 막대 걸레를 샀다. 걸레를 끼워서 막대만 왔다 갔다 하면 편리하다고 하지만 일일이 걸레를 손으로 뒤집어 끼워야 하고 그것도 마음에 들지 않았다.

로봇 청소기를 샀다. 원반같이 생긴 예쁘장한 것이 시간 맞춰서 바닥에 놓아두면 저 혼자 알아서 미세한 먼지까지 깨끗이 쓸어준다고 아이들이 사라고 성화였다. 그런데 지은 지 이십 년이 넘는 우리 집은 방마다 문턱이 높고 무슨 걸리는 것이 그리 많은지 이 로봇이 문턱을 넘지 못하고 이리저리 부딪히면서 방 하나 쓸고 나면 저도 지친지 소리만 윙윙 내고 가만히 서 있다. 일일이 손으로 이방 저방 넣어 주어야 한다. 옮길 때마다 무게도 만만찮고 신식이 구식보다 더 귀찮았다.

스팀 청소기를 써보았다. 백도가 넘는 수증기가 집 안을 살균까지 해 준다니 귀가 솔깃했다. 청소기는 뜨끈뜨끈한 수증기를 뿜어내고 밀고 다니는 나도 청소기가 되어 땀을 뻘뻘 흘린다. 평평한 바닥이야 이리저리 끌고 다니면 되지만 구석구석까지는 내 손이 안 가면 먼지는 그냥이다. 베란다 유리도 오랫동안 손이 가지 않아서 엉망이다. 날씨도 더운데 사방 문까지 열어 놓으니 온 동네 먼지는 우리 집에 다 모이는 것 같다. 짜증이 나려고 한다. 집 안 청소 안 해서 먼지 먹고 죽은 귀신 없다고 스스로 마음을 달래 보지만 실내화 바닥을 보면 기가 막힌다. 이건 밖에서 신는 신발인지 집 안에서 신는 실내화인지 남이 볼까 무섭다.

또 티브이 채널을 이리저리 돌려본다. 눈이 반짝한다. 극세사로 걸레를 만들어 둥근 봉에 끼워놓고 손잡이만 요리조리 돌리면 걸레를 일일이 손으로 뒤집지 않아도 되고 세탁도 수월하다고 했다. 봉에 끼운 걸레로 손이 닿지 않은 높은 곳은 물론이고 유리창도 쉽게 닦을 수 있을 것 같았다. 세탁기에 넣어도 되고 삶아도 되고 덤으로 걸레도 몇 개 더 주고 탈수기까지 준다고 해서 카드 번호를 불러주고 말았다.

내가 생각해도 나도 참 한심하다. 어제 백화점에 가서 또 일을 저질렀다. 실내화 바닥에 걸레가 붙어 있었다. 신고 집안을 왔다 갔다 하면 힘들이지 않고 청소는 끝난다고 했다. 집에 들어서기 무섭게 옷을 갈아입고 실내화에 물을 조금 묻혀서 마치 스키를 타듯이 노래까지 흥얼거리며 집안을 왔다 갔다 했다. 일을 할 때는 즐거운 마음으로 해야 힘들지 않는다고 스스로에게 타일러 가면서 리드미컬하게 몸을 움직였다. 신 바닥에 붙은 걸레에 때가 묻는 건 당연한 일이고 대신 내 무릎이 시큰거린다. 이것도 요령이 있어야하나 보다.

아무리 과학이 발달하고 무슨 청소기 무슨 청소기 해도 사람이 손으로 직접 하는 것만큼 깔끔하고 개운한 건 없지 싶다. 그래도 나는 더 편리하다는 청소 용구가 나오면 안 사고 그냥 넘어가지는 않을 것 같다.

구석구석 반들거리게 닦은 뒤 걸레 폭폭 삶아서 빨랫줄에 널어놓고 선선한 바람 부는 널찍한 대청에 등 붙이고 쉬고 싶다는 꿈을 꾸어 본다.

행운이냐 or 행복이냐

어느 코미디언이 청소년들이 모여 있는 강당에서 강의를 하고 있다. 강의라기보다는 그냥 마주 보고 앉아서 조근 조근 이야기하는 느낌을 받았다. 실내에서도 검은 안경을 쓰고 있는 그는, 결혼하고 자녀를 얻은 후에 사고로 실명을 했다한다. 처음에는 너무 기가 막히고 황당하여 세상을 원망하며 집안에서만 세월을 보냈다 한다.

그러나 지금의 그는 아주 밝은 모습이다. 그의 이야기 중 인상 깊었든 대목은 초등학교 다니는 자기 딸이 0점 받은 시험지를 가지고 왔더란다. 그는 "어쩌나 큰일 났네" 하니까 딸이 하는 말 "아빠 걱정 마 다음에는 이 보다 더 잘 할 수 있어"라고 씩씩하게 말해서 순간 그는 희망을 보았다고 한다.

그 딸의 또 다른 얘기는 어느 더운 여름 날 채소 파는 할머니에게 김밥 한 줄 사 드렸다며 부끄럽게 얘기하더란다. 주머니를 다 뒤져도 김밥 한 줄 살 돈 밖에 없었다며 아쉬워하는, 딸의 말을 듣고 이제 딸을 더 이상 학교에 보내지 않아도 되겠구나하고 생각했단다. 자신보다 기특한 생각을 가진 딸이 영어, 수학을 좀 더 배운다고 무슨 의미가 있을까하는 마음이 생겼다한다.

중간 중간 재즈도 부르면서 강의는 지루하지 않았다. 앞이 안보여 세상이 온통 검은색이었지만 만약에 팔이 없다면, 또는 다리가 없다면 어땠을까. 그는 건강한 다리에 마이크를 잡을 수 있는 손도 있고 온전한 성대도 있어 잔잔한 노래로 시청자의 마음에 한 발짝 다가설 수 있어 행복한 모습이다.

그의 소식을 들은 어느 팬이 안구를 기증 하겠다는 연락이 왔다. 기쁜 마음으로 달려 간 그는 그냥 돌아 설 수밖에 없었다. 그 팬은 희귀병으로 다른 신경은 다 죽어가도 눈동자만은 살아있어 눈동자의 깜빡거림으로 모든 의사를 표시 하는 사람이었다. 자기는 두 팔, 두 다리 심지어 입도 귀도 멀쩡하다. 목숨 같은 그 팬의 전부인 하나 남아있는 눈동자를 어찌 달라 하겠는가.

크로버 잎이 무성한 들판에서 사람들은 네 잎 크로버 찾기에 열심이다. 네 잎 크로버의 꽃말은 행운이다. 그럼 행복이라는 꽃말의 세 잎 크로버는 왜 대수롭지 않게 여기는지 모르겠다. 우리 모두 행복하기 위해 열심히 사는 건 아닐까. 뜻밖의 행운도 좋지만 행복한 일상이 더 좋은 것은 나만의 생각이 아니지 싶다. 모든 것은 생각하기 나름이다. 인생사 '새옹지마'라 하지 않던가.

마지막에 신나는 노래를 해달라는 학생들의 부탁에, 슬픈 노래도 신나게 들으면 저절로 흥이 난다는 그의 인생 철학은 30분의 TV시청 시간이 아깝지 않았다. "현명한 사람은 행복을 자신의 발밑에서 키운다." 라고 어느 철학자는 말했었다.

그의 앞날에 행운과 행복이 가득하길 빌어 보는 마음이다.

산그늘에서

　오랜만에 산에 올랐다. 그동안 무릎이 애를 먹여서 산책이 뜸했었다. 어느 사이 봄이 왔었는지 봄꽃은 진 자리만 남기고, 영산홍이 온통 산길을 덮고 있다.
　벚꽃이 한창일 때의 연못은 그야말로 장관이다. 물 위에 떨어진 꽃잎들은 바람 따라 한쪽으로 몰리기도 하고, 커다란 비단잉어들이 그사이를 헤엄쳐 다니면 꽃잎들은 마치 잉어들의 비늘같이 반짝이기도 한다.
　산은 언제나 거기 그대로 있다. 아니다. 그대로 있는 것이 아니고 조금씩 움직인다. 모든 것을 떨구어, 앙상하고 시원한 듯 보이다가 어느 틈에 보면 갖가지 꽃들로 온 산이 꽃천지가 된다.
　언젠가 비바람 부는 날이 느닷없이 지나가면 녹음

이 우거져 산은 두 배로 부푼 듯이 보인다. 녹음이 짙어 산그늘이 그리워질 때쯤 장마가 지나가고 나면 골짜기마다 물의 잔치가 시작된다. 크고 작은 폭포들이 춤을 추고, 큰 웅덩이들이 자연스럽게 생겨난다. 한여름 운동하다 더위에 지쳐있을 때 차가운 물 속에 손발을 담그면 등줄기에 서늘한 바람이 일고 돌들이 구르는 소리가 재미나게 들린다.

구덕산은 아침이면 여러 종류의 운동을 하는 팀들이 있다. 새벽잠이 없는 노인네들은, 그냥 연못가의 의자에 앉아서 잡담을 하거나 가볍게 손발을 흔들며, 신선한 아침 공기를 마시는 것만으로도 건강한 하루의 시작이 될 것이라며 즐거워한다. 하루도 빠지지 않고 약수터 주위를 청소하고 꽃나무를 가져다 심고, 오가는 사람들 불편하지 않게 잔돌들을 치우며 길을 정리하는 고마운 친구도 있다.

한 발자국이라도 더 높은 곳으로 가서 '야호'를 외치며 폐활량을 늘리려는 사람들이 있는가 하면, 쿵작쿵작 신나는 음악에 맞춰 몸을 흔드는 에어로빅 팀도 있다. 그런가 하면 배드민턴 동호회를 만들어 즐겁게 운동도 하고 질서 있게 조직을 꾸려가는 팀도 있다.

나는 새벽 시간에 몸을 수련하는 태극권팀이다. 태극권은 무술인 동시에 중국 국민운동이다. 이 운동은 지극히 부드러운 듯 보이면서 호신술도 겸하는 강한 운동이다. 처음 보는 사람들은 저렇게 느릿느릿 움직여 무슨 운동이 될까하고 쉽게 생각했다가, 기초도 익히지 못하고 손을 드는 사람이 의외로 많다. 부드러운 것이 강한 것을 이긴다. 혀가 부드러워도 부셔지는 일이 없지만, 딱딱한 치아가 도리어 빨리 손상되는 것을 우리는 경험 하지 않았는가.

왼쪽 계단을 올라서면 시인들의 시비詩碑가 드문드문 서 있는 산책길이 나온다. 몇 개의 시비가 있지만 유독 최계락의 〈해변〉이라는 시에 눈길이 가서 가끔씩 서서 읽어 보기도 한다.

가을이면 단풍나무들이 붉고 노랗고, 아직은 푸른 색으로 천하의 절경이 된다. 몇 발자국은 빨간 길 또 얼마는 노란 길 다시 푸르고 노리고 빨갛고, '별유천지비인간別有天地非人間'이란 말이 절로 나온다. 단풍나무

터널을 지나 K고등학교의 돌담길을 걸을 때면 아늑한 고향의 품에 안긴 듯 마음은 한결 부드러워진다. 비라도 촉촉이 내리는 날은 뽀얀 물안개 속의 구부러진 돌담이 어릴 적 외가의 사립을 생각나게 한다.

아홉 가지 덕을 쌓아야 가까이할 수 있다는 구덕산. 구덕산(487m)은 동네 가까이 있다. 그리 높지도 않다. 웬만한 사람은 아침 운동으로 산 정상까지 너끈히 갔다 온다. 산을 넘어가면 청소년 체력 단련장이 있다. 숙식도 할 수 있도록 잘 갖추어 놓았다.

바로 아래에 자그마한 연못이 있는데 예전에 큰 저수지가 있던 자리다. 그 저수지 물이 대신동 사람들의 식수원이었다 한다. 오래전 저수지 둑이 붕괴되는 바람에 사람들도 많이 상하고, 지금은 흔적만 남았다. 나이 든 사람들이나 그곳에 큰 저수지가 있었다는 사실을 기억할 뿐 젊은 사람들은 처음부터 작은 연못인 줄 알고 있다. 연못 주위로는 철따라 갖가지 꽃이 피고 연못을 가로질러 나무다리를 모양 있게 만들어 연꽃이 피는 여름에는 연못을 한 바퀴 둘러보는 것도 뜻밖의 보너스가 될 수 있다.

산이 내려와 그늘을 만들어 준다. 풀냄새와 꽃향기는 그늘에서 더 짙은 향을 내는 것 같다.

호박

　누렇게 익은 호박 한 덩이 얻어 와서 아까워 먹지도 못하고, 거실 한쪽에 있는 다탁 위에 올려놓고 바라보며 흐뭇한 미소를 짓는다.

　가을이다. 가을에는 누런덩이 하나쯤 거실에 앉아 줘야 가을을 든든하게 보낼 수 있을 것 같다. 한참 바라보니 뭔가 허전하여 억새를 몇 송이 꺾어다 청자 항아리에 꽂아 옆에 놓았다. 가을이 훨씬 가까이 다가 왔다. 그래도 미진하다. 다시 계곡으로 나갔다. 들국화를 한 송이 꺾었다. 빨갛게 물이 든 아이비도 한 줄기 꺾어서 한물 간 다기에 앉혔다. 앙증맞다. 예쁘다. 너무 오래 써 먹어 싫증난 다기도 새롭게 생기가 돈다.

　혼자 보기 아까워 친구들을 불렀다. 봄에 사 두었

던 발효차 봉지를 뜯었다. 날씨가 쌀쌀하면 뜨거운 발효차가 좋다. 끓인 물을 부어 한 모금씩 마신다. 빨간 옷을 입고 '자홍'이라는 이름표를 달고 우리 집에 시집온 차는 백자 잔에 부으니 색깔도 발그레하니 향기도 좋고 뒷맛이 깔끔하다. 친구들이 가지고 온 다식과 함께 연거푸 몇 잔씩 마시니 몸에 온기가 돌며 집안이 다 훈훈하다. 호박죽 끓이자고 야단이다. 반으로 갈라보니 속이 불그레하고 씨를 소복하게 품고 있다. 마치 자궁 속 같다. 올 여름 그 지독한 더위를 이겨내며 속에 씨앗을 가득 품은 호박은 생명의 산실이다. 그래서 산모들이 출산 후에 부기를 빼려고 호박을 고아 먹는지도 모른다.

쨍쨍 내려 쬐는 햇볕과 난데없는 비바람에 호박 넝쿨은 이리저리 치이면서도 더욱 단단하게 몸을 사리고, 모진 고난 속에서도 생명의 씨앗을 품는다. 아무것도 모르는 식물 같지만 종족을 퍼트리겠다는 위대한 힘은 어디서 오는 것일까. 자연의 신비로움이 경이롭기만 하다.

어느 해 가을 이었다. 친구 몇이서 거제에 있는 'Y시인'의 친정엘 갔었다. 하룻밤을 자면서 우리는 호박을 몇 덩이나 절단 냈는지 모른다. 친구의 친정집 돌담 위에 누렇게 잘 익은 호박을 보는 순간 무슨 금광이라도 보는 듯 손뼉을 치며 환호성을 지르고 말았다. 저녁에 둘러 앉아 얘기꽃을 피우며 호박 속을 긁어 전을 부쳐 먹고, 또 몇 덩이씩 차에 싣고 왔었다. 그해 겨울엔 죽으로, 부침개로 참 호박을 많이도 먹었다.

호박은 어린 애호박일 때는 볶아서 국수 고명으로 쓰면 깔끔하다. 또 된장찌개에 넣으면 구수하다. 가을 햅쌀이 나올 무렵이면 단단하게 익은 호박 썰어 넣고 갈치 찌개를 하면 그 국물조차도 들큰하다. 부드러운 잎은 쌈으로 먹고 꽃도 전을 부친다. 씨는 씨대로 요리에 쓰고 버릴 것이 하나 없다.

큰딸이 유치원에 다닐 무렵 천식이 너무 심해서 식구대로 애를 태운 적이 있었다. 천식은 밤이 되면 기침이 더 심하다. 이 병원 저 병원 다녀도 소용이 없었다. 그때 친정어머니께서 늙은 호박에 미꾸라지를 넣고 중탕을 해 먹여보라신다. 급한데 무슨 말인들 안 듣겠는가. 시장에 가서 호박과 미꾸라지를 사왔다. 호박

위에 칼로 뚜껑을 내고 미꾸라지와 꿀을 조금 넣고 중탕을 했다. 약간 비리긴 했지만 어린 것이 기침에 얼마나 혼이 났는지 두말 않고 받아 마셨다. 참 희한했다. 그날 밤부터 온 식구는 편한 잠을 잘 수가 있었다. 그다음에도 겨울만 되면 호박 중탕을 몇 번 더 해 먹였더니 그 뒤로는 감기도 잘 걸리지 않는다.

호박은 늙은 것일수록 사람들에게 사랑받는다. 아낌없이 모든 걸 다 내어 주어서일까. 사람도 아낌없이 주는 사람은 어디가도 환영 받는다.

흔히 호박꽃도 꽃이냐 하기도하고, 호박에 줄긋는다고 수박되나 하고 하찮게 여기지만, 나이 들어 호박같이 대접 받는 사람이라면 참 잘 살았다고 생각하고 싶다.

텃세

가끔 딸네의 시골집을 가는 날이면 이곳이 감나무 농장인지 잡초 밭인지 분간할 수 없다. 자동차 바퀴 지나간 곳과 집으로 들어가는 좁은 길 빼고는 온통 잡초 군락지 같다. 이름 가진 세상의 잡초는 다 모인 형국이다.

애기 똥풀의 노란 꽃이 만발한가 하면, 개망초 흰 꽃들이 어디 해보자 하듯이 여기 저기 군락을 이루고 있다. 쑥은 쑥대로 지천이고 냉이도 하얀 꽃을 매달고 깐죽거린다. 넝쿨을 뻗대며 기회만 있으면 어디든 타고 올라가는 담쟁이와 한삼 넝쿨 등등 이름도 모르는 수많은 잡초는 저들 나름대로 살겠다고 있는 힘을 다 하는 것 같다. 농약은 질색인 사위는 자연 그대로 다함께 살자고 그냥 두라 한다. 과일이고 채소고 아무 것이나 이 집의 작물은 먼지만 털고 먹으면 된다.

 사람이 만물의 영장이라고 하지만 이 집에서는 사람 위에 잡초가 서는 것 같다. 부산에 직장이 있고 집이 있는 딸네도 주말에라야 시간이 난다. 농장에 도착하자 말자 잡초와의 전쟁은 시작된다. 뽑아도 뽑아도 끝이 없다. 이번 주에 이쪽 두렁을 말끔히 해놓고 다음 주에 가면, 저쪽 두렁은 저쪽대로 또 이쪽은 '니 언제 하노' 하고 놀리듯이 무성히 자라있다. 특히 비라도 온 다음에는 채소가 어디에 숨어있는지 모를 지경으로 잡초가 득세를 한다.
 텃세라는 말이 있다. 텃세라는 말이 이런 경우를 두고 하는 말이지 싶다. 잡초라는 놈이 먼저 자리를 잡아 아무것도 쉽게 범접할 수 없도록 뿌리를 단단히 박고 씨앗을 퍼트리고 영역을 넓힌다. 어느 놈은 방문객의 옷에 붙어서 수 천리를 가기도하고 어느 놈은 바람에 날려 아주 엉뚱한 곳에 자리 잡기도 한다.

 흔히 민초들을 잡초에 비유하기도 한다. 밟아도 꺾

어도 심지어 뿌리를 뽑았다고 안심을 해도 아무 연고도 없는 곳에서 삶의 터전을 이룬다.

딸네 집 작은 연못에 물옥잠이 가득하다. 처음 몇 뿌리를 넣었다는데 어느새 연못을 가득 메울 지경이다. 덩달아 개구리밥도 따라와 이놈들마저 주인인체 한다. 보다 못한 사위가 뜰채로 물옥잠을 연못밖에 가득 퍼내 놓는다. 어쩌면 팽개친다는 표현이 더 맞을지 모른다. 내가 마당 있는 집에 살았더라면 저 아까운 것을 금이야 옥이야 하고 가져와 친구들도 나눠주고 수조에 넣어 꽃을 피우는 재미를 즐기겠지만 아파트로 이사하고는 그림의 떡이다.

물옥잠은 새벽이면 봉오리가 봉긋하다. 해가 뜨면 저들도 햇볕을 따라 보랏빛 송이를 활짝 연다. 그러다 해가 지면 입을 다문다. 그 모습을 보고 있으면 마음에 알 수 없는 희열이 온다. 몇 백 년의 세월이 가도 그들은 아무 변덕 없이 날씨에 따라 꽃이 피기도, 지기도하며 종자를 퍼트릴 것이다.

그러고 보면 사람이 저 풀보다 못하다는 생각이 든다. 변덕스럽기야 사람보다 더한 생명체가 있을까. 그러기에 '토사구팽'이라는 말이 생겨나지 않았을까 싶다. 이용가치가 없으면 '니 언제 봤드노' 하고 자기가 예전에 했던 달콤한 언약은 지우개로 지운 듯 모르쇠로 일관한다. 힘없이 당하는 사람만 간이 상하고 심지어는 오장육부가 뒤집어져 병을 얻기도 한다. 스스로 달래고 쓰다듬는 수밖에 없다.

다음 주에 비 안 오면 시골가자고 딸이 전화를 한다. 우리가 터를 닦아 집을 짓고 자리를 잡았으니 이제는 텃새를 부려도 되지 않을까 싶지만 그건 또 부대껴 봐야한다. 내가 저들한테나 텃새를 부리고 뿌리를 잡아당기고 힘자랑을 하며, 마음대로 쥐어박고 그동안 쌓인 스트레스라도 풀어야겠다.

집이 익는다

일기 예보에서는 반가운 비 소식이 뜬다. 아나운서의 비가 온다는 멘트는 빗나가기가 일쑤여서 오늘도 행여나 하는 마음뿐이다. 요 몇 달 날씨가 너무 덥고 가물다.

윗 지방에는 물난리가 났다는데 우리 동네는 해도 해도 너무한다. 세상은 참으로 불공평하다. 윗동네의 반의반이라도 우리 동네에 나누어 내려 주면 얼마나 고마울까.

아침 산책길에 보니까 저수지의 물도 줄어든 것이 확연히 보인다. 저러다 바닥이 들어나면 팔뚝만한 잉어들이며 잔챙이 새끼 고기는 어떻게 될까 공연히 조바심이 난다. 계곡에도 벌써 물이 많이 줄었다. 큰 돌들이 허옇게 말라가는 모양이 흡사 물고기들이 배를 뒤집고 누워있는 꼴이다. 언덕에 옹기종기 들꽃들도 목이 마른지 몸을 배배 꼬고 있다.

산책을 하다 더워지면 발을 물에 담가본다. 계곡물도 뜨뜻미지근하다. 옛날 사람들은 더위를 식히려고 탁족을 했다는데 이렇게 물이 미지근해서야 더위를 식히기는커녕 짜증만 보태지 싶다.

비가 온다온다 하면서 감감 무소식이더니 오후부터는 하늘의 낌새가 수상하다. 어디서 구름이 몰려오는지 하늘이 컴컴해진다. 우르릉 우르릉 천둥소리도 요란하다. 용이 되지 못한 이무기들이 한바탕 소란을 피우는 것 같다. 바로 옆에서 때리듯이 시퍼런 불빛이 '번쩍' 하면서 어디다 대고 '따닥' 벼락도 친다. 하는 품새로 보아선 억수비가 쏟아질 기세다.

창문이란 창문은 모두 닫고 나도 비 구경을 할 참이다. 그런데 웬걸 소리만 요란하게 난리 치더니 정작 비는 몇 방울 내리지 않는다. 땅바닥도 적시지 못하고 먼지 냄새만 폴폴 난다. 창문을 다시 열고 무심한 하늘만 쳐다볼 뿐이다. 빗금을 그으면서 시원하게 퍼붓는 억수 비를 구경하기는 상상으로 그치고 말았다. 땅도 식히고 후끈 달아오른 집안의 열기를 식히기는 애초에 글렀다.

몇 날 며칠 더위에 모든 만상이 지쳐버렸다. 웬만한 장보기는 인터넷으로 주문하고 배달시킨다. 그래도 피치 못할 일이 있어 집 앞 시장에 잠깐 나갔다 오면 얼굴이 벌겋게 달아오르고 땀으로 번들거린다. 흡사 불가마 속에서 나온 꼴이다.

불어오는 바람도 열기에 익어 후텁지근하다. 나무도 목이 마르다. 사방에서 내리퍼붓는 뜨거운 기운에 사람도 익고 집도 익는다.

3부

녹야원(사르나트)

야간 침대 열차를 탔다. 오래전 북경에서 티벳으로 넘어갈 때 48시간 걸리는 찡창 열차를 타본 경험이 있기에 12시간쯤은 대수롭지 않다. 내 자리는 K1번 2층이다. 나는 죽어도 2층은 올라갈 수 없어서 김선생이 2층으로 올라갔다. 티벳에 갈 때도 내가 연장자라고 1층을 썼다. 나이 많은 것이 무슨 자랑도 아니건만 이럴 때는 억지를 써본다. 6인실 열차는 생각보다 말끔한 것이 하얀 시트 씌워져 있고 베개 흰 호청도 산뜻하다.

옆 칸에 어린아이가 탔는지 계속 보채는 소리가 나건만 아무도 나무라지 않는다. 우리나라 같으면 역무원 부르고 시끄럽다고 한마디씩 하겠지만 이곳 사람들은 그런 면에서는 대체로 너그러운 편이다. 저녁을 준다고 했지만 객지에서는 아무거나 먹기도 겁난다. 더구나 늦은 시간에….

점심을 늦게 먹었기에 저녁은 건너뛰고 어찌어찌하다가 잠이 들었다. 그래도 동은 트고 날이 밝는다. 짜이를 파는 역무원이 지나간다. 인도에서는 산을 보기가 쉽지 않다. 끝없는 밀밭 사이로 해가 떠오른다. 기찻길 옆 풍경이 우리나라 60년대 시골풍경이다. 부처님의 가호가 있었는지 기차는 연착없이 바라나시역에 도착한다.

바라나시는 너무나 복잡해서 숨이 막힐 지경이다. 우리가 인도에 도착한 것이 3월 말이라 덥기도 했지만, 자동차와 오토바이, 자전거, 릭샤까지 빵빵 크락션을 울려대며 정신없이 달린다. 중심가를 벗어나면 길은 비포장도로다. 아스팔트가 깔려 있다고 해도 군데군데 깨지고 패인 곳도 많아 덜컹거리는 것이 비포장도로나 다름없다. 오랜 가뭄으로 길거리의 가로수들은 흡사 콩고물을 뒤집어 쓴 듯 누렇게 보이고, 잎맥들이 어떻게 숨을 쉬고 사는지 애처롭다.

거기다 더 보태서 소도 개도 어슬렁거리고 심지어 개들은 나무 그늘만 있으면 팔자 좋게 누워 낮잠을 즐긴다. 인도 사람들은 소를 조상쯤으로 여기고 절대로 농사에 부려먹지도 않고, 방생을 해서 주인 없이 마음대로 길을 휘젓고 다니는 소도 많다고 한다.

  북쪽으로 10여km쯤 가면 녹야원이 있다. 지금도 옆 농장엔 사슴들이 슬프고 여린 눈으로 관광객들을 쳐다보고 있다. 잠시 시가지를 벗어났을 뿐인데 너무나 조용하고 한적하다. 부처님이 득도하고 다섯 제자를 거느리고 맨 처음 설법하신 곳이다. 지금은 옛 자취만이 남았다. 너무 무지막지한 폐허가 되어 가슴 아프다. 거뭇거뭇한 흔적들은 전쟁의 잔상인 것 같다.

  녹야원은 불교의 4대 성지중의 하나다. 아득한 옛날 7세기 이곳을 다녀가신 '현장스님'의 『대당서역기』에는 보리수 동쪽에 정사가 있다하고, 1500여 비구가 모여 살았다한다. 높이가 50~60M가 되는 탑이 있으며 기단의 넓이는 20여 보가 된다고 적혀 있다. 동방에 현존한 탑 중에 제일 웅장하다는 다멕크 탑이다. 다른 것은 전쟁 중에 불타고 부숴지고 없어졌어도 그때의 그 탑만은 아직도 이렇게 멀쩡해서 그것을 마주하다니 이번 여행하는 보람이 있다. 부처님이 보시고 현장스님도 보신 탑을 수천 년이 지나 이렇게 합장하고 바라보고 있다는 생각에 가슴에는 알 수 없는 환희심이 생긴다.

반석같이 잘 다듬어진 큰 밑돌들이 질서 있게 자리한 걸 보니 사찰이 얼마나 컸었나 짐작이 간다. 장정 서너 명은 안아야 될 만큼 큰 보리수나무는 부처님이 설법하실 때 그 나무가 아니란다. 그때 나무는 죽고 스리랑카의 고대불교 왕국에서 묘목을 가져다 심었다는데, 그것도 세월 따라 밑뿌리가 삼끈처럼 이리저리 엉킨 것이 영물처럼 보인다.

순례객들이 줄을 잇는다. 수녀복을 입은 행렬도 보이고 어디서 왔는지 황토색 단체복을 입은 여러명의 참배객들은 스님의 설법에 열중이다. 지금도 발굴 작업이 한창이고 출토품 대부분은 남쪽에 있는 고고 박물관에 소장돼있다.

잦은 전쟁으로 신체의 일부가 훼손된 불상도 있고 석주도 부러진 것이 눈에 보인다. 일명 아쇼카 석주라 한다. 걸핏하면 전쟁을 벌여 인도를 휘잡았던 아쇼카왕이 결국은 불교에 귀의하고 불교 성지를 골고루 다니면서 세운 돌기둥이다. 기록상으로는 30개 쯤 된다는데 지금은 인도 전역에 15개 정도밖에 없다고 한다. 학자들은 이 석주에 선명하게 새겨진 글들과 문양들로 하여 당시 상황을 알 수 있다고 한다.

  발굴은 계속하고 있다지만 무더운 날씨 탓인지 후손들이 옛날의 영화를 다시 보려면 많은 시간이 필요할 것 같은 추측이 드는 것은 나만의 생각일까.

갠지스강

　인도의 영혼이 살아있는 곳, 인도인의 안식처, 세계4대 문명의 발상지 갠지스. 인도하면 카레 타지마할 그리고 갠지스 강이 떠오른다. 이곳에서 기도하면 같이 온 일행들에게는 영광이, 고국에 있는 가족에게는 좋은 일이 생긴다고 한다. 그 어떤 것도 영원한 것은 없으니 너무 슬퍼하지도 기뻐하지도 말라는 강가 예언자의 말이다.

　새벽에 갠지스의 일출을 보러 일찍 잠에서 깼다. 바라나시 시장통을 지나 미로 같은 골목골목을 벗어나서 어둠이 채 걷히기 전 강가에 도착했다. 갠지스에서는 사람이 직접 노를 젓는 배를 타야 한다. 소리 나는 동력 보트는 금지란다. 희붐한 물속에서 벌써 목욕하는 사람들도 보인다. 빨래하는 사람 서서 무슨 기도문을 외우는 사람 가지각색이다.

어제 밤에도 우리는 여길 왔다. 릭샤를 타고 정신없는 악다구니를 헤치고 강가에 왔었다. 힌두교 의식을 한다고 많은 사람들이 모여 기도하고 신비스런 불빛과 악기 소리도 요란했다. 묘한 분위기다. 또 조금 떨어진 곳에는 군데군데 모닥불 같은 불무더기가 보였다. 시신을 화장한다. 영혼을 정화시킨다고 한다.

하긴 네팔에서도 같은 장면을 몸서리를 치면서 보았지 않았나. 주검 앞에서도 빈부의 차이는 확연하다. 브라만들은 충분한 나무를 사용하여 시신을 말끔히 태워 재만 강물에 쓸어 넣고, 나무가 부족한 자들은 태우다 만 시신을 한쪽 다리가 덜렁거리건 말건 그냥 강물 속으로 쓸어버린다.

강물 속엔 온갖 동물의 시체며 소똥들, 심지어는 인간들의 오물도 뒤 섞인다. 그래도 힌두교도들은 최고의 성지며 어머니의 강이라고 목욕하고 마시고 빨래하고 기도한다. 집에 가져가서 두고 마셔도 뒤탈이 없다니 신기한 정도를 지나서 경이롭기까지 하다.

그 강에서 몸을 씻으면 그동안 지은 죄를 지울 수 있다고 믿는다. 죽어서도 뼛가루를 뿌려 내생의 축복을 기원하고, 죽을 때까지 꼭 한번은 다녀가길 소원하는 곳이다. 금방 태어난 아기도 이곳에서 씻기면 무병장수 한다고 믿는 곳. 탄생과 죽음이 같이 하는 곳. 이방인의 눈에는 지저분해 보이지만 힌두교도들은 더 없이 신성한 곳이니 더럽고 말고는 생각의 차이가 아닐까.

갠지스의 아침이 서서히 밝아온다. 강물은 황금색으로 빛나고 이상하게 신비한 분위기가 된다. 이런 분위기에는 누구든 기도하는 자세가 된다. 수많은 가트(강으로 내려가기 쉽게 만든 계단)엔 사람들이 차츰 모여든다. 강가엔 목욕한 여인들이 빨아 널어놓은 옷들이 알록달록 꽃무늬 같다.

찬드 바오리(우물)

　옵션으로 30달러를 부담하고 인도의 오래된 우물을 보러갔다. 우리 생각으로는 아주 깊이 파서 무슨 기구를 사용해서 물을 퍼 올리는 것이 우물인데 무얼 돈까지 내고 보러 가느냐 했지만, 가이드 말로는 인도 여행 왔다고 다 보고 가는 곳이 아니라면서 가보면 깜작 놀랄거라 해서 못이기는 척 따라 나섰다.

　버스는 제법 한적한 시골길을 한참 들어간다. 어느 운동장 같은 넓은 공터에 기하학적으로 생긴 계단이 나온다. 이곳이 우물이라 해서 정말 놀랐다. 사람의 손으로 만들었다고는 믿기지도 않고 도저히 이해가 안 되는, 초현실적인 여행지 5곳에 드는 곳이라 해서 입을 다물 수가 없었다.

인도 북서부 라자스탄 지역에 1200년 전 찬드라 왕이 만들었다는 우물이다. 깊이 30m, 13층 높이에 3,500개의 대리석 계단이 예술품 같다. 삼각 피라미드를 거꾸로 엎어 놓은 모양으로 세계에서 가장 큰 계단식 우물이다. 우물 안에는 왕실도 있다. 여름 철 왕들이 이곳에서 지내고 간다. 사방에 물이 있으니 얼마나 시원하겠는가. 비밀 통로가 있어 유사시에는 다른 사원으로 쉽게 이동할 수 있도록 설계되었다 한다.

맨 아래층에는 푸른 이끼도 있고 물도 있다. 내려다 보니 다리가 후들거리고 심장이 오그라드는 것 같다. 물의 높낮이에 따라 사람들이 쉽게 물을 퍼 나를 수 있게 계단은 너무나 정교하게 만들었다. 서로 지그재그 모양으로 물리면서 신기한 퍼즐 같다. 물이 귀한 이 지역에서 빗물을 저장하기 위해 9세기경에 만들어 졌다는데, 하룻밤에 뚝딱 만들었다는 전설을 간직할 만큼 신기한 곳이다. 지금도 우기가 되면 우물에는 물이 제일 위 계단까지 가득 고여 주민 누구나 사용할 수 있다고 하니 참으로 불가사의하다. 요즘은 다이버들이 즐겨 찾는다 한다.

영화 '더 폴'의 촬영지이기도 하다. 이변이 없는 한 몇 천 년이라도 더 견딜 수 있게 단단해 보인다. 이번 여행에서 제일 뜻밖의 횡재다. 타지마할이야 워낙 유명한 곳이고 세상이 다 아는 건물이지만 이 '찬드 바오리'는 진흙 속에서 보석을 찾아낸 기분이다. 옵션 30달러가 하나도 아깝지 않다.

나오는 길에 길거리 노점에서 사탕수수 즙을 먹었다. 옥수수 줄기 같은 막대기를 옛날 우리 60년대 팥빙수 만드는 기계 같은 것에 넣어 손으로 누르니 노란 즙이 나온다. 길거리 음식은 절대로 먹지 말라는 주의를 듣고 갔지만 호기심에서 한 모금 마셔 봤다. 가게 주위에 파리가 너무 많아 마음에 걸리지만 그곳 사람들은 아무렇지도 않는 표정이다. 옛날에 우리도 그랬으니까….

돌마바흐체 궁전

궁전 앞에는 입장하려는 관광객의 행렬이 줄을 선다. 그 사이에 한 노신사는 흐릿한 눈에 눈물을 글썽이며 입장권을 꼭 쥐고 차례를 기다린다. 그가 15세까지 살던 자기 집에 83세가 되어서 그것도 입장권을 사서 줄을 서서 기다리는 심정은 어떠하였을까.

그는 터키의 마지막 황손인 '오르한' 황태자이다. 어느 나라이든 마지막 왕손의 최후는 비참하다. 청나라의 '푸이'도 온갖 시중과 부족함 없는 호화로운 생활을 하였지만, 근대화와 제국주의에 맞물린 시대 상황에 그의 마지막은 애처롭기만 하여 그 영화를 보는 내내 가슴이 찡하였던 기억이 새롭다.

시대의 흐름은 거스를 수 없는 도도한 물살 같아서

누구도 거역할 수 없다. 15살짜리 응석받이가 무얼 알았을까. 학교에서 돌아오니 수행자가 서류에 사인을 하라고 해서 제대로 읽어보지도 않고 사인을 했다. 그 서류는 터키가 '아타튀르크' 대통령에 의해 근대화가 되면서 144명의 왕족을 24시간 안에 추방한다는 서류였다. 아무것도 가져갈 수 없고 여자는 28년, 남자는 50년 동안 터키로 돌아올 수 없다는 내용이었다.

다음 날부터 끝없는 망명 생활은 시작된다. 말이 그렇지 돈 한 푼 없이 낯선 이국에서의 생활은 어떠하였을까. 망명생활을 하는 왕족들의 집을 전전하며 숙식을 해결하던 그는 17세가 되자 누구도 자기를 알아보지 못하는 곳으로 가기로 결심하고 단돈 8프랑을 주머니에 넣고 브라질로 가서 공장 직공, 부두 노역자, 커피 포장공 등 닥치는 대로 일하며 고단한 삶을 살아낸다.

다시 이집트로 간다. 그를 알아본 이집트 왕자들의 도움으로 자동차를 사서 택시 기사가 되었지만, 어느 날 신문에 〈오스만 왕자 택시 기사가 되다〉라는 기사가 뜨자 자동차를 팔아버렸다. 57세가 되는 해 파리에 있는 미군의 묘지를 관리하는 일을 얻게 되고 조금 안정된 생활도 하고 연금도 탈 수 있게 된다.

말년에는 자동차를 소개하는 일을 하면서 자동차 뒷좌석이 그의 침실이고 집이 되었다. 그는 말했다. "여러 가지 직업을 가진 것에 대해 부끄럽게 생각하지 않소. 어떤 일이든 해낼 수 있었고, 동정이나 팁같은 것은 사양하였소. 부당한 돈을 주머니에 넣어본 적도 없고, 오스만 제국의 명예를 더럽힌 행동을 한 적 없소. 2세들에게 마지막 왕손이라는 말을 듣지 않게 하려고 결혼도 하지 않았소."

그는 입국 금지 50년이 지나자 터키 정부에 끊임없이 귀국 탄원서를 넣었다. '아타튀르크' 정부가 바뀐 한참 뒤에야 겨우 5박 6일의 입국 허가가 난다. 어릴 때 뛰어놀던 정원, 날마다 공부하던 책상도 자기가 읽던 책도 그 날 그대로였다. 경호원의 허락을 얻어 서재에 들어선 그는 자기가 읽던 책의 뒷장에 심심풀이로 낙서한 흔적을 쓰다듬으며 하염없는 눈물을 흘렸다고 한다.

터키 국민들은 연로한 그를 모국에서 살게 하자고

탄원서를 넣었다지만 그는 손을 저으며 자기는 지금껏 조국에 세금 한 푼 낸 적도 없는데 무슨 염치로 눌러앉겠느냐며 다시 지친 몸을 이끌고 프랑스로 돌아갔다.

오스만 제국은 600여 년 동안 얼마나 광대한 영토를 통치했는가. 그렇지만 그에게는 서 있을 한 평의 땅도 허락하지 않았다.

어느 기자가 그에게 물었다. '왕족 중에서 제일 장수하시는 편인데 무슨 비결이 있으신지요.' '나는 내 조국 터키 땅을 밟기 전에는 눈을 감을 수 없소.' 그리고는 마지막 여생을 보내던 프랑스로 돌아갔다. 하루도 빠짐없이 프랑스 공항의 카페에서 터키식 커피를 마시며 터키로 떠나는 비행기를 보면서 매일 매일을 보냈다. 늘 보이던 그가 며칠 보이지 않자 지인들이 찾아 나서, 그의 아파트에서 반듯이 누운 왕자의 마지막 모습을 보았다고 한다. 조국 땅을 밟고 난 일 년 후 향년 84세였다.

마지막은 언제나 한과 슬픔이 교차한다. 덕혜옹주도 그렇고 마지막 황손 '이석'도. 그 또한 고단한 삶을 살았지만 언제 보아도 왕실의 자손답게 품위를 잃지 않는 모습을 보면 한편으론 연민의 마음도 생긴다. 터키의 '오르한' 왕자의 경우처럼 그도 학교 갔다 와서 영문도 모르고 쫓겨났다고 한다. 너무나 삶이 힘들어 스스로 목숨을 버릴 생각도 했다고 한다. 그들에게 하루하루를 살아간다는 것은 서러움을 견디는 일인지도 모른다. 요즘은 어느 대학의 객원 교수로 나가면서 안정된 생활을 한다니 참 다행이라 생각한다.

친구들과 터키 여행을 한다고 작정했을 때, 어느 영화에서 보았던 화려한 이스탄불 생각으로 가슴이 설레었다. 아이스크림도 썰어 먹고 케밥을 들고 다니면서 오색 네온 찬란한 거리에서 낯선 사람들과 어울리는 이스탄불도 좋았고, 군밤 파는 할아버지의 능청스런 군밤타령엔 절로 지갑이 열리기도 했었다.

눈앞에 푸른 물결이 출렁이는 보스포러스 해협을 따라 끝없이 펼쳐진 2층 건물은 285개의 방이 있고 금 14톤, 은 40톤으로 된 호화궁전이다. 거실 중앙에는 세계에서 제일 크다는 4.5톤에 이르는 샹들리에가 750개의 촛불 램프를 반짝이며 한 시절의 영광을 자랑한다. 바닥에 깔린 카펫은 모두 실크로 만든 수공예

품이며 다 둘러보려면 며칠 걸린다니 호화의 극치다.

내쫓은 자도, 내쫓긴 자도 마지막은 빈손이었다.

오스만 제국의 최후를 지켜본 궁전 '돌마바흐체'. 궁전의 화려함 뒤에는 '오르한' 황태자의 슬픈 일생이 전설로 남기도 한다.

슬도 명파 瑟島鳴波

 울산 방어진 항구 끝자락에는 슬도라는 예쁜 애기섬이 있다. 옛날 일본의 침략이 잦아 방어를 한다고 진을 만들어 방어진이라 하기도 하고, 방어가 많이 잡혀 방어진이라 불린다는 항구다. 멀리 슬도가 보이는가 싶더니 어른 키 몇 배나 되는 하얀색 고래의 조형물이 위풍도 당당하게 햇볕에 온몸을 들어내며 반긴다. 지금도 고래를 기다리는 어부들의 염원이다. 역시 고래의 고장답다.

 공업탑을 지나 방어진 초입까지는 울산의 심장부인 공업단지다. 현대중공업과 현대자동차 그리고 크고 작은 협력업체까지, 버스가 몇 코스를 가도 담벼락의 연속이다. 현대중공업의 담벼락은 고궁의 돌담을 연상케 한다. 잘 다듬은 벽돌을 어긋나고 보기 좋게 쌓고 담장 위는 기와로 장식하고 있다.

  담벼락을 타고 올라가는 아이비 줄기가 추위도 아랑곳없이 푸른빛 싱싱하다. 공장이라는 우중충한 선입견을 날려버린다.

  슬도는 먼 바다에서 넘어오는 파도를 막아주는 효자 섬이다. 가족을 위해 세상 파도를 두려워하지 않는 가장의 모습이 바닷물에 얼비친다. 무인 등대가 있는 무인도를 1989년에 울산시에서 관광상품의 하나로 방파제를 만들고, 중간에 방파제 이쪽저쪽의 물이 드나들 수 있도록 다리를 연결하여 관광객들이 걸어서 등대까지 가 볼 수 있도록 했다. 드라마의 촬영지가 되기도 하며 영화를 찍기도 한다. 바다에서 보면 떡시루를 엎어놓은 것 같다고 시루섬이라 부르기도 하고, 섬 전체의 바위가 곰보처럼 구멍이 있다 하여 곰보섬이라는 아름다운 섬 슬도는 천천히 걸어야 바위에 부딪치는 파도소리를 온몸으로 들을 수 있다.

깨끗한 산책길 양옆 방파제에 그려져 있는 울산의 특산품도 눈으로 보는 재미다. 섬의 명물인 딱게와 이곳의 특미라는, 오늘 우리가 점심으로 먹었던 방어도 생물인 양 엎드려 있다. 바로 물을 건너 손에 닿을 듯 눈앞에 고층아파트가 즐비하고 중공업의 숨결이 들린다. 공단이 가까이 있다 하여 물이 지저분하다고 생각하면 오산이다. 물은 속이 훤히 들여다보이고, 파도는 쉼 없이 방파제를 때린다.

몸통에 수많은 고래를 안고 업고 하얀 등대는 늠름하다. 등대를 가운데 두고 섬을 둘러싸고 있는 수많은 바위들은 매끈한 것이 없고, 바위마다 어른 주먹만 한 것부터 작은 탁구공만한 구멍들이 서로 다투기라도 하듯 틈도 없이 숭숭 뚫려있다. 흡사 살코기는 다 **빠**지고 엉성한 **뼈**만 남은 소머리**뼈**를 연상시킨다.

바위의 구멍은 돌맛조개라는 작은 조개들이 집을 지으려고 파 놓은 구멍이라 한다. 얼마나 오랜 세월 조개들에게 파 먹히고 파도에 시달렸으면 저리도 온몸에 구멍이 생겼을까. 바위를 바라보고 앉아있으니 한마디로 파도의 작품을 보고 있는 듯하다.

쉬지 않고 바위를 때리는 파도는 먼 전설과 함께 갯바위에 부딪힐 때마다 구멍의 크기에 따라 소리의 높낮이도 다르고, 파도가 바위를 타는 현의 소리가 애달프다. 그 소리가 조용한 밤에 들으면 거문고 소리 같다 하여 거문고 슬(瑟)자를 쓰고 슬도명파라 한다.

슬도의 파도는 모양부터가 특이하다. 쪽빛 천을 멍석 말듯이 크게 둘둘 말고 힘차게 달려와서 방파제에 부딪힐 때는 있는 힘껏 물보라를 내 뿜는다. 몇 년 전 해운대로 이사한 뒤로는 틈만 나면 바닷가로 산책을 나가 수 많은 파도를 보았지만, 슬도의 파도는 유별나다. 모래밭에 부서지는 파도는 힘이 부드럽지만, 방파제에 부딪히는 것은 작은 힘으로는 안 되는 모양이다. 그렇게 온 몸의 힘을 다해 흰 거품을 물고 곰보바위를 내려치는 것 같다. 순간적으로 흰 물보라도 무지개빛으로 번쩍인다.

바닷가 의자에 앉아 바위 구멍으로 드나드는 푸른 물빛을 바라본다. 어쩌면 우리 인생도 저 슬도와 같지 않을까하는 생각이 든다. 세월이 흐르고 시간이 지나면 구멍 뚫린 뼈가 되어 어느 바람결에 삭아 없어지겠지만, 슬도는 파도 소리와 함께 영원하겠지.

만해를 만나다

 부산에서 강원도 인제는 보통 마음먹고는 가기가 쉽지 않다. 박인환 문학관도 들리고 시집 박물관도 들리기로 프로그램이 짜여있다. 거기까지 가서 만해를 만나지 않고 그냥 오겠는가. 벌써 가슴이 벅차다.

 '박인환 문학관'에 들렸다. 잔디가 깨끗한 정원 한가운데서 코트를 걸친 그가 한 손엔 펜을 들고 넥타이를 휘날리며 우리를 반긴다. 환호성을 지르며 그의 품에 들어가 한 컷씩 한다. 아마도 그를 만나러 온 보람이지 싶지 싶다.

 문학관 전면 유리에 크게 새겨진 그의 대표작 '목마와 숙녀'는 언제 읽어 보아도 애잔하다. 문학관 입구 왼쪽으로 암울한 시대의 포스트가 더 가슴 시리다. 문학관은 군데군데 그의 체취로 가득하다. 그가 직접 운영하였다는 '마리서사'라는 서점이 예쁜 간판도 그대로인 채 아직도 손님을 기다리고 있다.

그 당시 문인들이 많이 모이던 명동거리를 드라마틱하게 꾸며 놓았다. 시인이 즐겨 찾던 '포엠'이라는 양주집도 있다. '봉선화다방'은 그럴듯하게 손님도 몇 명 앉아 담소를 나눈다. '은성'이라는 막걸리 주점도 있다. 탤런트 최불암씨의 모친이 1950~1960년대까지 경영하던 곳으로 문인들의 아지트였다고 한다. '세월이 가면' 이라는 작품도 이곳에서 만들어졌다. 시인이 작고 직전 밀린 술값으로 써주었다 하니 시가 이렇게 돈으로 연결된다는 것이 참 아이러니하기도 하다.

술을 좋아했던 시인은 '이상'의 추모의 밤 행사에 참여하고 귀가하던 중 거리에 쓰러져 사망하였다 한다. 1926년에 태어나 31세의 아까운 나이로 요절한 시인. 그가 떠난 지 60여년이 지났지만 아직도 우리는 그를 그리워한다.

세월이 가고 시인도 가고 목마와 숙녀도 가고 없다. 쓰러진 술병마저 모든 것을 담아 가 버렸는가.

'한국 시집 박물관' 1층은 사무실 강의실 등이 있고, 2층 전시실은 계단이 없고 비스듬히 되어있어 걸음이 불편한 사람도 쉽게 올라 갈 수 있게 편하게 되어있다. 공간 배치도 자유롭게 되어있어 누구든지 여유롭게 관람할 수 있어 좋았다.

시인은 시라는 단 몇 줄의 언어로 시대의 변천이나 역사의 흐름을 표출하는 연금술사이기도 하다. 한국 시의 변천을 잘 고려하였고 한 구절 한 구절 시집 이미지가 사람들의 눈길을 끈다.

참 귀하고 오래된 원본 시집도 많다. 1926년 발간된 한용운의 '님의 침묵'도 있고 1935년 시문학사에서 발간한 정지용의 시집 원본도 색이 누렇게 바래어도 반갑다. 윤동주의 유고 시집 '하늘과 바람과 별과 시'도 있다. 1948년 세상 떠난 다음 해 발간된 시집이다.

우리에겐 언제나 낭만의 샘이 되는 청마와 이영도의 러브스토리도 전시장 가운데서 전설로 흐르고 있다. 젊은 시절 그렇게 읽고 또 읽었건만 몇 번을 흥얼거려도 싫증나지 않는 시다. 얼마나 뜨겁게 사랑하여서 이렇게 가슴 떨리는 시가 쓰여졌는가. 세상이 뭐라고 하던 한 번쯤 불같은 사랑을 해 보고 싶다.

만해 마을에 도착했다. 우리들의 숙소인 '문인의 집'에서 방을 배정받아 가방을 풀고 잠시 등을 붙여 본다. 봉평 막국수로 저녁을 먹고 만해학교에 모였다. 만해학교는 학교가 아니고 카페다. 맥주를 한 모금씩 하면서 낭만의 밤은 깊어만 간다. 지난 봄 전국 문학인 꽃 축제에 왔던 통기타 가수 '신제창'을 천 리 먼 이곳에서 다시 만났다. 흥겹게 공연은 이어지고 무대 위의 가수와 관람석 우리은 손뼉을 쳐가며 다시 청춘이 된다.

희미한 새소리에 잠이 깨었다. 밖으로 나와 만해광장을 산책한다. 들판의 나무들은 도시의 공해는 아예 모르는 듯 반짝이는 푸른빛이 눈이 부시다. 풀잎을 흔드는 작은 바람 소리가 적막한 공간을 행복하게 만드는 시간이다.

마음 속 이야기를 풀어 볼까 하고 '만해사'에 들렸지만 시간이 이른 탓인지 문이 잠겨있다. 유리문을 통해 부처님과의 눈 맞춤으로 아침 예불을 대신한다. 경절문(徑截門)이 있고 '평화의 시벽'이 있다. 2005년 세계시인 대회에 참가한 29개국의 외국시인 55명과 255명의 우리나라 시인들의 시가 동판에 새겨져 전시되어 있다. 신경림의 '빛'도 정지용의 '향수'도 읽어도 또 읽고 싶은 시다. 다 읽으려면 시간이 제법 걸릴 것 같다. 눈도장만 찍는다.

'경절문'은 지눌스님이 정립한 이론이라 한다. 단계를 거치지 않고 바로 부처의 경지로 오른다는 의미의 선종수행을 대표하는 문이다. 이 문을 지나면 마음의 번뇌를 씻고 깨달음을 얻게 된다는 뜻이라 한다. 번뇌의 덩어리를 안고 사는 이 미련한 중생은 몇 번을 들락날락 하였다. 번뇌 망상에서 벗어나 마음이 좀 가벼워졌으면 좋으련만……. 종일 화두가 되어 가슴을 누른다.

만해 박물관에서 눈에 들어오는 것은 만해 법문이다. '자유는 만유의 생명이요, 평화는 인류의 행복이다.' 몇 번을 곱씹어 읽어 본다. 박물관 뒤편에는 만해 동상이 손을 내밀고 있다. 어느 문우는 일찍 만해 동상에 끼인 먼지를 말끔히 닦아내고 자신도 마음이 개운해졌다 한다. 만해 광장에는 눈에 보이는 것 모두 시다. 돌에도 벽에도 눈만 돌리면 시에 묻혀 사는 순간순간이다.

우리가 묵었던 '문인의 집'에도 온통 사방 벽에 시가 치장을 하고 있다. 한 이틀 눈이 시리도록 시의 길을 밟고 다닌 행복한 시간이다.

만해 선사는 온몸으로 일제에 항거하다 1944년에 열반하셨다. 삶 전체가 민족 사랑이고 생명과 평화를 목숨처럼 여기셨다. 충남 홍성에서 1879년에 태어났으니 65년을 살다 가셨다.

백담사를 가기 위해 주차장에 큰 버스를 두고 작은 버스로 갈아탔다. 오래전 남편의 회갑이라고 갓 결혼한 큰딸 내외를 데리고 식구들끼리 여행 온 적이 있었다. 그때는 길이 험해 차는 다닐 수 없고 작은 버스도 없어서 2시간이 걸리는 거리를 걸어서 갔다. 누가 부른다고 그 먼 길을 갔겠는가. 만해선사를 만나러 갔다. 백담사는 만해말고 생각나는 또 한 사람이 있다. '화엄실'이라 이름한 작은 공간이 있다. 12대 대통령이 별로 좋지 않는 일로 2년 여를 머물던 곳이다. 그 당시 군인들이 길을 넓히고 하여 지금은 버스로 20분이면 간다.

진덕여왕 1년에 창건되어 몇 번의 화재로 이름도 여러 번 바뀌고 1783년 정조 7년에 지금의 백담사로 거듭났다고 한다. 그래서 그런지 많은 세월의 시달림에도 건물은 묵은 이끼가 없고 새것처럼 깨끗하다.

마당 한 켠에 만해의 흉상이 있다. 만해 기념관은 생각보다 조용하다. 그를 기념하는 많은 책자들, 불교 유신론, 님의 침묵 등등……. 대웅전 참배를 마치고 계곡으로 내려갔다. 백담사는 계곡에 널린 돌탑이 장관이다. 가물어 물이 마른 강변에 어느 누가 쌓았는지 그야말로 꽃밭 같다. 무슨 인연으로 이 계곡까지 흘러와 말갛게 씻는 몸을 포개고 또 포개어 이리 많은 소원을 담았을까. 바람소리로 풍경소리로 참선에 든 듯 고요하다.

몇 년 전 문인 협회에서 만해 축제에 참석할 때도 왔었다. 그때는 계곡물이 강물처럼 출렁거리고 문우들과 물가에서 발을 담그고 시간 가는 줄 모르고 얘기꽃을 피웠지. 그 날 같이 시간을 보낸 문인 중에 지금은 생을 달리한 친구들이 몇 명 있어 마음속으로 극락왕생을 빌어본다. 참으로 가는 시간이 아쉽다.

우리 것이 좋은 것이여

지구가 몸살을 앓고 있다. 때아닌 무더위와 강추위, 예상치 못한 태풍이 와서 인명을 상하게 하는 무서운 일들이 쉼 없이 일어난다.

후쿠시마 원자력 사고 때의 일이다. 큰 태풍 앞에서는 그렇게 탄탄하게 지었다는 일본의 원자력도 너무나 허무하게 흠집이 나고 말았다. 자세한 건 내가 전문가가 아니라서 뭐라 말할 수 없지만 그 동네에 살던 사람들은 멀리 피신을 해서 아직도 자기네들 집으로 돌아갈 수 없다니 원자력이 무섭긴 무서운 모양이다.

그때 사람들이 줄을 서서 식량이나 기타 일용품을 배급받는 광경을 뉴스를 통해서 본 친정어머니는 "저놈들 벌 받는다"며 그 옛날 일제 강점기 때 당한 일을 떠올리며 치를 떠신다. 어머니가 어릴 때 일본 순사가 마을에 공출받으러 왔다가 생각보다 소득이 적으면, 집집마다 돌면서 아궁이 속까지 들여다보고 그래도 성이 차지 않으면 식구들이 둘러앉아 밥 먹는 밥상을 발로 차고 험한 욕을 하며 아이들이건 노인들이건 눈에 보이는 대로 밀치고 눈을 부라리며 협박을 했다고 한다.

그 시절 한 끼의 밥은 목숨과도 같았다. 식구들의 한 끼 먹을 걸 준비하려면 꼭꼭 감추었던 곡식을 이 눈치 저 눈치 보아가며 꺼내고 반찬이라야 짠 김치에 멀건 된장이다. 그런 걸 긴 칼을 찬 순사가 눈을 부라리며 발로 걷어차고 겁박을 해대니 식구들은 말 한마디 못하고 벌벌 떨면서 흩어진 밥알만 망연자실 바라보지 않았을까.

후쿠시마 원자력이 누출되면서 바다가 오염되었다고 연일 매스컴에 오르내릴 때다. 이때 우리의 바다는 황금 같은 대접을 받았다. 오염되지 않은 소금으로 담근 젓갈을 미리 사둔다고 난리를 치기도 하고, 미역이나 멸치등 해산물을 사재기를 한다고 설치는 바람에

건어물 상들이 갑자기 호황을 누렸다. 심지어는 일본 관광객들도 보따리 보따리 우리 해산물을 사 들고 갔다고 한다.

집집마다 오염되지 않는 소금을 산다고 몇 포대씩 사는 바람에 갑자기 소금이 천세가 나고 천일염을 만드는 염전에서는 재고까지 다 팔고 주문량을 미처 만들지 못해서 애를 태우고 드디어는 가격이 올랐다.

소금은 빛과 물 공기와 함께 우리들에게 절대적으로 필요한 생활요소다. 생체의 세포 활동을 도와주고 썩는 일이 없도록 유지하며 끝없이 되돌이하는 생명력을 불어 넣는 일을 한다. 우리가 아플 때 병원에 가면 증상에 따라 다른 약을 첨가하기도 하지만 우선 생리식염수인 링거액부터 처방하지 않던가. 체내의 염분 농도에 따라 건강의 척도가 결정된다고 한다.

어릴 적이다. 더운 여름날 학교 갔다가 땀을 뻘뻘 흘리고 집으로 들어서면 어머니는 냉수에 간장을 조금 타서 먹여 주던 기억이 난다. 그때 어머니가 염도가 어떻고 생체의 농도가 어떻고를 알아서 그리 하셨을까. 오랜 삶의 경험에서 일것이다.

예전에는 소금이 화폐의 역할을 했다고 한다. 로마에서는 군인들의 월급을 소금으로 주었다하니 소금이 인간에게는 절대적 물질이다. 꿈자리가 사나우면 아침 일찍 대문에 소금을 뿌려 악한 기운을 쫓기도 하고, 상점에서는 미운 사람이 왔다 가면 돌아가는 등 뒤에 소금을 뿌리기도 하지 않던가.

소금은 오래 두면 간수가 빠지고 이물질이 증발하면서 주먹으로 쥐어도 손바닥에 묻지 않고 바삭바삭하면서 부드럽게 된다. 그걸 입에 넣어 보면 짜면서도 단맛이 난다. 소금 본래의 맛은 간직하면서 부드럽게 단맛이 나는 건 시간이 흐르면서 그만큼 정화된다는 것이 아닐까.

세상은 순리대로 살아야 한다. 순리를 어길 때는 어떤 무서운 일이 일어날지는 아무도 모른다. 이웃이면서 이웃이 아닌 듯 언제나 남의 것을 자기네의 것이라 우기는 일본은 아직도 그 지긋지긋한 세월을 착각하고 사는 것은 아닐까. 선조들이 당한 36년 세월이 아직도 우리들의 뇌리에 생생한데 일본은 틈만 나면 독도를 자기네의 것이라 우긴다. 우길 걸 우겨야지 억지만 쓰면 남의 것이 자기 것이 될까. 어린 아이들도 장난감이 아무리 탐이 나도 남의 것이라면 자기 것이라고 우기지 않는다.

일본과 야구 경기나 축구 시합이 있는 날이면 온 국민이 젖먹던 힘까지 끌어내어 응원에 열을 올린다. 다른 나라도 물론 이겨야 좋지만 일본만은 어떤 일이 있어도 이겨야 한다며 선수들은 있는 힘껏 주먹을 쥔다.
어쨌든 우리는 힘을 길러야 한다. 소금이든 해산물이든 운동경기든 그들보다 질 좋고 우수한 품질로 우리 것을 제일로 만들어야 된다고 생각한다.

동전 한 닢

 볼일이 있어 나갔다 집에 오려고 전철을 타러 가는 길이다. 지하도 계단을 내려오는데 웬 노인이 자그마한 종이상자를 행인들 앞으로 내밀며 벌벌 떨고 있다. 날씨가 보통 추운 날이 아니다. 벌써 근 보름째 한파가 맹위를 떨치고 있다.

 부자들은 추위도 좋다. 알록달록한 원색 옷을 입고 스키를 타러 가기도 하고 뜨거운 온천도 가면서 계절 따라 추위도 더위도 즐기지 않던가. 비가 오면 사람에 따라서는 낭만이 될 수도 있지만 또 다른 사람들에겐 비 오는 것도 서러움이다. 하물며 살을 에는 겨울 추위는 가히 살인적이라 할 수 있다.

 해가 지고 바람이 불어 날씨는 낮보다 더 춥다. 코트

주머니에 손을 넣고 가던 내 손에 동전 한 닢이 만져졌다. 아침에 우체국에서 볼일을 보고 남은 50원짜리 동전이다. 아무 생각 없이 본능적으로 동전을 노인의 통에 넣고 걸음을 옮겼다. 몇 발자국 걸어오는 내 발걸음 뒤로 동전 팽개쳐지는 소리가 '쨍그렁' 하고 들린다.

순간 심장이 멎은 듯 그 자리에 서고 말았다.

50원짜리 동전 한 닢.

요즘은 50원으로는 껌도 한 개 살 수 없고 과자 하나도 못산다. 그렇지만 그 50원이 없으면 비행기 표도 못 사고 공과금도 맞춰서 가지고 오라고 창구에서는 야박하게 군다. 마트에 가봐라. 10원도 깎아주지 않는다. 하다못해 버스를 타려고 해도 50원이 모자란다고 하면 태워 주지 않는다. 그나마 어떤 마음씨 좋은 기사라면 어쩌다 한 번쯤은 통할지도 모른다.

티끌 모아 태산이라고 하지 않던가. 내가 나가는 어느 봉사 단체에서는 정초에 플라스틱 저금통을 하나씩 준다. 쓰고 남은 동전을 모으는데 년 말에 뜯어보면 만만찮다. 여럿이 합하면 제법 묵직하다. 50원이라도 열 사람이 주고 간다면 500원이 된다. 잔돈을 하찮게 여기는 사람은 여간 큰돈이 아니면 만족할 줄 모른다고 생각한다. 10원인들 주는 사람에게 고맙게 생각해야 복이 오는 법인데 50원을 고깝다고 주는 사람 뒤통수에 대고 던지는 저 남자의 머리는 어떤 생각으로 차 있을까. 누가 그들에게 푸른색 지폐를 날릴 것인가. 젊은 시절 적은 돈을 대수롭지 않게 여기며 흥청망청하다가 저 꼴이 나지 않았을까. 별별 생각에 머리가 복잡하다.

자갈치역에 내려서 남포동 쪽으로 나오려고 지하도 계단을 오르면 언제나 그곳에는 터줏대감처럼 동전통을 앞에 놓고 앉아있는 젊은이가 있다. 물어보지 않아서 모르지만 내 눈에는 그렇게 나이 들어 보이지는 않았다. 하다못해 공사장에라도 가면 지폐 몇 장이라도 만질 것인데 왜 저럴까 하는 생각도 들지만, 그는 어쩌면 막노동도 할 수 없는 사정이 있을지도 모른다는 측은한 마음이 들어 오가는 길에 동전 한 닢씩을 넣는다. 처음에는 무심코 그냥 지나가다 하루는 자세히 보니 골초인 듯 옆에는 담배꽁초도 몇 개 있고 입으로는 담배를 아주 맛있게 빨고 있었다. 그러고 보니 항상 그 앞을 지날 때면 담배 냄새가 났었던 것 같다.

요즘은 간접흡연이 더 나쁘다고 방 안에 있던 사람도 식구들의 눈치를 보면서 밖으로 나가 한 모금씩 빨고 들어온다. 길에서도 담배를 피우지 말자는 운동을 하기도 하고, 건강에 나쁘다고 될 수 있으면 담배를 끊으려고 애를 쓰는 세상이다. 하물며 오가다 던져주는 잔돈으로 빵도 아니고 담배를 사다니, 하는 안타까운 생각이 들기도 하고, 공연히 내가 그의 끽연을 도와주는 결과는 아닌가 하는 안타까운 생각에 그 뒤부터는 못 본 척 지나친다.

길에 10원짜리 동전이 흘러 있어도 아무도 주우려 하지 않는다. 그 10원을 만들려면 재료비가 몇 배가 더 든다고 한다. 잔돈을 중하게 여기고 액수에 상관없이 남을 도우려는 마음씨는 다 고마운 일이다.

TV에서 자선냄비를 쏟아붓는 광경을 본 적이 있다. 지전도 있고 동전 소리도 들렸다. 정말이지 적은 돈이 모여 큰돈이 된다는 생각에 절로 손이 모아진다.

집에 와서 생각하니 나도 참 한심하다. 기왕에 줄려면 지전을 한 닢 줬으면 그의 마음도 다치지 않고, 내 마음도 이렇게 쓸쓸하지 않을 것을. 바깥은 바람이 많이 부는지 전깃줄도 춥다고 씽씽 소리도 요란하다. 서글프고 왠지 가슴에서도 찬바람 부는 소리가 나는 것 같다.

사건, 사고

　그건 분명 사건이다. 아무리 생각해도 내가 그런 실수를 하지 않았다고 생각하는데 아무도 믿어주는 사람은 없다. 나는 운전을 좀 늦게 배웠다. 50대 후반에 운전면허증을 취득했다. 그것도 남편의 지병이 깊어져서 병원도 가야 하고 나름대로 바람도 쐬어 줘야겠다고 생각해서 늦게 용기를 내었다. 필기시험이나 학과시험에 한 번의 낙방도 없이 한 달 만에 면허증을 손에 넣고 그 다음날 바로 차를 가지고 나갔다.

　차를 가지고 나가는 첫날 차선 바꾸기를 하다가 실수로 큰 트럭과 부딪쳤다. 차선을 바꾸려고 애를 썼지만 내 눈에는 차선이 바로 보이지도 않고 어떻게 해야 좋을지 몰라 혼자 애를 태우다 '에라 모르겠다' 하고 끼어든 것이 큰 트럭의 옆구리 밑으로 들어가고 말았다. 다행히 트럭이 속력을 내지 않은 바람에 내 차는 문짝만 찌그러지는 사고였다. 그 후로도 이리 받치고 저리 치이고 후진하다 벽에 받히고 옆으로 돌다 긁히고 미미한 사고는 셀 수도 없다. 결국은 남편이 몰던 차는 내가 다 망가트려 폐차시키고 새로 산 놈이 5년밖에 되지 않은 차다.

크게 먼 길 가지도 않았고 날마다 출근하는 것도 아니어서 참말로 아까운 놈이다. 그날도 운동하는 곳에 짐을 싣고 갈 것이 있어서 주차장에 다 왔는데 차가 갑자기 굉음을 울리며 쏜살같이 달리더니 주차장 벽을 '쾅'하고 들이받고서야 정지를 한다. 순간 나는 정신을 잃었다. 누군가 나를 흔들면서 "빨리 내리시오" 하는 소리에 정신을 차리니 차 안에는 연기가 꽉 차고 무언가 흰 보자기가 내 얼굴을 덮고 있었다. 순간 나는 '저승이 아닐까' 하는 생각이 들었다. 사람들에 이끌려 차에서 내리니 차는 엔진이 타는 냄새가 나고, 그 흰 보자기는 '에어백'이었다. 차가 얼마나 지독히 정면으로 받혔으면 '에어백'이 터질까.

그래도 하늘이 돌봤는지 왼쪽 가슴 밑의 갈비뼈에 작은 충격이 가해져서 숨쉬기가 곤란하고 오른 손목에 약간의 찰과상이 있을 뿐 뼈는 하나도 다친 데 없고 안경이 찌그러졌는데도 얼굴에 상처도 없다. 문병 오는 사람마다 옆구리며 등에 흙빛 같은 시커먼 멍을 보고는 나보다 더 놀란다. 차는 손볼 수가 없어 폐차시키고 말았다. 사람들 말로는 내가 브레이크를 밟는다는 것이 엑셀레이더를 밟아서 그렇다고 하는데 나는 전연 기억이 없다. 기억이 없는 것이 아니고 잘못했다고 생각하고 싶지 않다.

그날로부터 45일간 병원 신세를 졌다. 아이들이 놀라 뛰어오고, 아무리 소문내지 말라고 해도 '발 없는 말이 천리 간다'고 소문은 꼬리를 물고 친구와 친지들을 얼마나 귀찮게 했는지 모른다. 환자복을 입고 처음 얼마간은 링거를 손목에 매달고 일어났다 누웠다 하려면 가슴 한쪽이 결려서 인상도 찡그리고 하니 영락없는 중환자다. 속으로 '잘됐다. 그래, 푹 쉬면서 책도 읽고 앞만 보고 달리던 생각들도 좀 정리 하자' 하면서 느긋하게 시간을 즐겼지만 그것도 잠시였다. 병원은 바로 창살 없는 감옥이다. 정해진 시간에 식사 들어오고 규칙적으로 주사 맞고 약 먹고 가끔씩 친구나 아이들이 왔다 가고, 맨날 반복되는 일과였다.

그래도 병실이 서쪽으로 창이 있어서 고운 색으로 물드는 저녁 노을은 참 많이 보았다. '이만하기 다행이지' 하며 나름대로 감사 기도를 했다. 노을은 어느 날은 서쪽 하늘 전부를 붉은색으로 뒤덮기도 하고, 어느 때는 넘어가기 싫어서 몸부림치는 것처럼 보라색 구름이 연막을 치는 것처럼 보이기도 했다. 비가 오는 날은 아예 검게 보여 마음이 무겁기도 했고, 맑은 날은 새털구름이 비늘처럼 빛나서 일출인가 착각도 했다.

병원에서의 반복되는 일상이 지겨워서 퇴원하고 싶은 생각뿐이지만 마음처럼 몸이 말을 듣지 않는다. 의사선생님 말로는 갈비뼈는 가만히 있는 수밖에 다른 치료 방법이 없다고 한다. 어쨌든 집에서 쉬면서 통원치료를 하기로 하고 퇴원을 했다. 퇴원하고 나니 갈 곳도 많고 할 일도 많다. 그동안 어찌 갇혀 살았는지 내가 생각해도 신기하다. 아직도 옆구리는 결린다. 시간이 지나가기만을 기다리는 수밖에 도리가 없다.

차가 있다가 없으니 불편하기 짝이 없다. 그래도 시내는 괜찮다. 오늘 당장 김해에 있는 딸네 집엘 갈려니 난감하다. 집 앞에서 버스를 타고 사상에서 내렸다. 시외버스 매표소 앞에서 어눌하게 서 있다가 눈치껏 표를 사서 버스가 있는 곳으로 갔다. '김해 장유'라고 팻말이 붙은 차를 보고 버스 기사에게 "이 차 장유 갑니까?" 하고 물으니 "앞에 붙여 놓은 글 안보입니까?" 하고 아주 퉁명스럽고 무시하는 태도를 보인다. "아― 내가 글을 몰라서요." 내 대답이다. 그렇게 답하는 것이 가장 적당할 것 같았다. 표를 파는 여자 직원이나 차를 몰고 가는 기사들은 좀 친절하면 어디가 덧날까. 웃음이라고는 없고 모두가 기계적이다. 그들도 많은 사람들에게 시달리다 보면 그렇다고는 하지만 그래도 서비스 업종이 아닌가. 어느 때는 말을 붙이기가 무서울 때가 참 많았다.

내가 병원에 있어 보니 노인들이 미처 내리기도 전에 버스가 출발해서 차문에 치이거나 바퀴에 깔려서 병원에 오는 노인들이 더러 있었다. 이것이 모두 불친절한데서 비롯되지 않았나 싶다.

어쨌거나 나이 들면 아무래도 운전은 무리다. 그렇

지 않아도 운전은 올해까지만 하고 내년에는 큰딸을 주어야 하겠다고 마음속으로 중얼거렸더니 차가 귀가 있어서 저 먼저 갈 데로 간 것 같다. 하는 수 없다. 불편함도 자연스럽게 몸에 익히는 도리밖에….

비우다

속을 비우고 산다는 일은 여간 어려운 일이 아니다. 우리는 보기 싫은 사람을 대하여 괴로운 일이 있거나, 아무 생각도 하기 싫을 때 흔히 '마음 비우고 살자'하고 무슨 득도한 것처럼 말하지 않는가.

600여 년을 볼 것 안 볼 것 겪으며 살자면 그야말로 속이 썩어 문드러졌을 것이다. 월정사 전나무 숲에는 속을 비운 채 밑등걸만 남은 거대한 고사목이 있다. 그 옆에 쓰러져 누운 작은 몸통도 속이 텅텅 비어 '아아'하고 소리를 지르면 울림이 있는 굴을 연상케 한다.

나무들이 늘씬한 몸매를 자랑하며 쭉쭉 뻗은 천년의 전나무 숲은 신비 그 자체다. 숲속에는 배를 드러낸 채 누워있는 나무들이 여기저기 눈에 띈다. 바람 부는 대로 흔들리며 자유롭게 살고 있는 주위의 크고 작은 나무들과 어울려 죽어서도 살아있는 것처럼 잘 어울린다. 생(生)과 사(死)를 한눈에 본다.

사철 푸른 것처럼 보이는 전나무지만 봄이 되면 어린잎이 나오고 묵은 잎은 떨어진다. 반짝이며 나오는 새잎은 환희에 차 있다. 여름의 무성한 잎들은 한참 물오른 청년이 아니던가. 그렇게 세월을 보내며 나무는 속을 꽉꽉 채우며 위로 위로 거침없이 올라갔을 것이다. 그러다 언제부터인가 조금씩 속을 비우다가 마침내 거세게 불어오는 바람을 이기지 못하고 쓰러졌을지도 모른다.

아마도 나무가 쓰러지는 순간에는 온 숲을 울리는 천둥소리가 나지 않았을까. 몇백 년의 세월을 안고 무너져 내리는 일이 그렇게 만만하지는 않았을 것이다. 엄동설한의 모진 세월에도 끄떡없이 숲을 지키던 나무가 한 생을 마감하는 순간, 그렇게 허무하게 속절없이 넘어지지는 않았지 싶다.

나무는 죽어서도 살아있다고 말한다. 한순간도 조용할 시간이 없다. 수많은 사람들이 번갈아 가며 혼자서 또는 끼리끼리 짝을 지어 나무와 사진 찍기를 원한다. 삶과 죽음이 한순간에 기쁨을 같이한다. 사진을 찍는 순간에는 누구든지 활짝 웃으며 즐거워한다.

비록 쓰러진 나무지만 나무는 죽어서도 사람들에게 볼거리를 제공하고 메시지를 남기는 것 같다. 몇 백 년 숲을 지킨 세월을 대접받는 것 같다. 나무는 어쩌면 인간들에게 본보기를 보이는지도 모른다.

쓰러져 누운 나무에게서 허무하게 한 생을 살지 말라는 가르침을 받는다.

미끼

 사람들이 모여든다. '특별전'이라는 미끼를 문 것이다. 참말로 그들이 소비자를 위해서 특별히 싸게 파는 것일까. 손해 보는 장사는 없는 걸로 안다. 그런데도 10년 전 가격이라고 떠든다.

 나도 덩달아 미끼를 문 물고기가 되어 매장에 갔다. 그런데 그들이 말하는 물건이 없다. 열흘간 싸게 판다고 했는데 열흘이 되려면 아직 한참 남았다. 판매원에게 어찌된 영문인지 물었다. 아침 문 열자마자 고객들이 오늘의 몫은 다 사갔다고 한다. 그러면 언제 오면 살 수 있느냐고 되물었다.

 내일 이 시간에 오면 내 몫으로 하나 남겨 놓겠다며 한번만 더 걸음을 하라며 미안하다고 연방 허리를 숙인다. 오전 운동을 하려면 그 마트를 지나 공원으로 가야 한다.

  다시 그 시간에 매장에 갔다. 또 그 물건은 없었다. 다른 손님들도 와서 "벌써 다 팔렸나 보네" 하면서 그냥 간다. 나는 그냥 올 수가 없었다. 이건 고객을 우롱하는 처사다. 견물생심이라고 매장에 들려서 그냥 나오면 섭섭하다. 그것도 10년 전 가격에 판다는데 빈손으로 나오면 괜히 손해 보는 느낌이다. 무엇이라도 들고 나와야 직성이 풀린다. 싸게 샀다고 해도 내 돈 나가는 것인데 내 돈 쓰고 무엇이 그리 흐뭇한지 모르겠다. 이 사람들은 그런 심리를 노리는 것이다.

  매장 책임자를 찾았다. 젊은 청년이 빠른 걸음으로 다가와서 공손하게 인사하며 무엇이 불편하냐 묻는다. 자초지종을 얘기하며 당신네들의 진정한 속셈이 무엇인지 듣고 싶다고, 이것이 진정 고객을 위하는 것이냐고 물었다. 미안하다고 몇 번이나 사과하며 오늘 몫은 다 팔았으니 어쩔 수 없고, 내일 집으로 가져다준다며 화를 풀고 가시라며 살살 웃는다.

  어쩌겠는가. 못 이기는 척 주소를 적어 주고 왔다.

다음 날 집으로 가져온 물건은 자기들이 싸게 판다는 그 물건이 아니고, 보다 비싼 가격이 적힌 한정판 제품이었다. 나는 어리둥절해서 내가 시킨 것이 아니라고 되가져가라하자 참 어이없는 대답을 들었다. 그 물건은 이미 재고가 바닥이 났고 나하고는 약속을 했기에 품질이 좀 나은 비슷한 제품을 가져 왔노라 한다.

나야 싼 가격에 좋은 것을 얻었으니 그렇다 하더라도, 그럼 그런 사정도 모르고 왔다가 허탕을 치는 다른 손님들에게는 무엇이라 설명하는지 참으로 궁금하다.

백화점이나 마트에서는 일주일이 멀다하고 무슨 기획전, 특별전, 깜짝 세일 등 제목도 잘도 갖다 붙이며 손님들을 유혹한다. 어차피 파는 사람은 팔아야 하고, 손님들은 사야만 세상은 돌아간다.

운동을 하러 갈 때나 올 때 백화점이나 마트를 한번씩 가보면, 미끼에 물리든, 마이크 소리에 끌리든 매장은 손님들로 북적북적한다. 특히 주말에는 어디서 그 많은 사람들이 오는지 참말로 신기하다.

서로가 서로의 미끼인 동시에 유혹의 대상인 것이다. 물론 나도 그 중의 한 사람이다.

이춘자 다섯 번째 수필집

바람의 그림자

발행일 | 2022년 2월 25일

지은이 | 이춘자
펴낸이 | 최장락
펴낸곳 | 도서출판 두손컴
주　　소 | 부산광역시 부산진구 부전로 35, 301호(부전동, 삼성빌딩)
전　　화 | (051)805-8002 팩스 : (051)805-8045
이메일 | doosoncomm@daum.net
출판등록 제329-1997-13호

ⓒ이춘자 2022
값 12,000원

ISBN 979-11-91263-44-2 03810

*저자와 협의에 의해 인지를 생략합니다.
*잘못 만들어진 책은 바꾸어 드립니다.